Reihe: Neue Philosophie

Band 3: Beatrice Nunold: Freiheit und Verhängnis

edition fatal

Für Uwe,
dem Freiheit Verantwortung ist,

für Florian,
dem Natur schon als Kind ein Faszinosum war
und nicht bloß ein interessanter Gegenstand und

für Frank,
mit dem ich bereits während unserer gemeinsamen Schulzeit
Kosmologien erfunden habe

Beatrice Nunold

Freiheit und Verhängnis

Heideggers Topologie des Seins und die fraktale Affektlogik:
Entwurf einer fraktgenen Topologie des
physio-psychisch-mentalen Seins

edition fatal

»edition fatal« Verlagsgesellschaft bR, München
Gesellschafter: Mario R. M. Beilhack, Anil K. Jain
www.edition-fatal.de, kontakt@edition-fatal.de

Reihe: Neue Philosophie, Band 3
Herausgeber: Mario R. M. Beilhack

Beatrice Nunold: Freiheit und Verhängnis – Heideggers Topologie des Seins und die fraktale Affektlogik: Entwurf einer fraktgenen Topologie des physio-psychisch-mentalen Seins

Originalausgabe, München 2004

Titelbild: Fraktal

Bibliografische Information der Deutschen Bibliothek:

Die Deutsche Bibliothek verzeichnet diese Publikation in der Deutschen Nationalbibliografie. Detaillierte bibliografische Daten sind im Internet über die Seite http://dnb.ddb.de abrufbar.

ISBN 3-935147-14-7

Herstellung: Books on Demand GmbH, Norderstedt

Inhaltsverzeichnis

Inhaltsverzeichnis

Εν ἀρχῆ ἦν ὁ λόγϱ …

Johannes 1

Nach vestem Geseze, wie einst, aus heiligem Chaos gezeugt,…

Hölderlin

Glück ist Talent für das Schicksal.

Novalis

Die Sprache der Natur ist einer geheimen Losung zu vergleichen, die jeder Posten dem nächsten in seiner eigenen Sprache weitergibt, der Inhalt der Losung aber ist die Sprache des Postens selbst. Alle höhere Sprache ist Übersetzung der niederen, bis in der letzten Klarheit sich das Wort Gottes entfaltet, das die Einheit dieser Sprachbewegung ist.

Walter Benjamin

1 EINSTIMMUNG

1 EINSTIMMUNG

Es mag seltsam anmuten Heideggers Topologie des Seins[1] aus der Perspektive der fraktalen Affektlogik, wie sie Luc Ciompi entwickelt hat, zu betrachten. Vorausgesetzt wird, dass es beiden um dasselbe geht, um ein Verstehen unseres im weitesten Sinne leib-seelisch-mentalen Existierens. Ebenso ungewöhnlich mag die Sicht aus der Perspektive der Nichtstandard-Topologie von Eisenhardt, Kurth und Stiehl erscheinen. Die Hauptschwierigkeit eines Vergleichs besteht in der Unterschiedlichkeit der Sprachen: Heideggers Sprache eines besinnlichen Denkens, eines Andenkens an das Sein und Ciompis, Eisenhardts, Kurths und Stiehls Wissenschaftssprache der Topologie, der System- und Chaostheorie, des Konstruktivismus und der Psychiatrie. Die Sprachen mögen als unvergleichbar gelten und als nicht ineinander übersetzbar, zumindest dann, wenn im Anschluss an Wittgenstein von der Sprachspielgebundenheit von Lebensformen ausgegangen wird und von der Inkommensurabilität von Sprachspielen. Sprachen werden wie geschlossene Systeme behandelt, die sich nirgends überschneiden und deren Auffassung von Rationalität einander völlig fremd sind. Ein anderes Sprachspiel impliziert eine andere Ontologie. Ich möchte hier mit Davidson dagegen argumentieren.

Davidson unterstellt allen Sprechern eine »linguistische Kompetenz«, die es ermöglicht, selbst wildeste Idiolekte zu verstehen. Es würde jetzt zu weit führen Davidsons Theorie der »radikalen Interpretation« hier eingehend zu erläutern. Zusammenfassend lässt sich sagen, dass er ein dynamisches Modell des Verstehens entwirft, dass in etwa wie folgt funktioniert:

Davidson geht von einem bedeutungstheoretischen Externalismus aus, von dem Bestehen einer »objektiven Welt«, die gemeinsame mit allen Menschen geteilte Welt. Objekte und Ereignisse dieser Welt stehen gleichermaßen in kausaler Interaktion mit jedem Sprecher und spiegeln sich als Ursachen von Überzeugungen in jeder Sprache. Aus dieser Kausalhypothese folgt, dass Sprecher und Interpret unter denselben Bedingungen etwas für wahr halten. In einer Wahrheitsunterstellung wird eine gemeinsame Basis richtiger Überzeugungen vorausgesetzt. Davidson geht dabei von einem intuitiven Konzept von Wahrheit aus. Wahrheit bezieht sich für alle Menschen auf das, was der Fall ist. Das W-Prädikat einer Wahrheitstheorie wird so zu einem translinguistischen, alle Sprachen gemeinsamen vortheoretischen Wahrheitsbegriff. »Wahrheit« wird zum Schlüsselkonzept der Semantik, aus dem das Verhältnis aller anderen semantischen Begriffe abgeleitet wird. Da das Prinzip der Wahrheitsunterstellung nicht ausreicht, um alle Äußerungen zu verstehen, ist es nötig, die Zahl möglicher Überzeugungen durch weitere Restriktionen zu beschränken. Dieser Vorgang wird als Konsistenzunterstellung bezeichnet. Gefordert ist zum einen logische Konsistenz. Vorausgesetzt wird, dass für alle Sprecher aller Sprachen die Quantorenlogik gilt. Konsistent ist nach Künne (1990, 223) das, was nicht »notwendigerweise falsch ist.« Zum anderen wird Selbstkonsistenz gefordert. Das verbale und nonverbale Verhalten eines Sprechers stehen in einem Begründungsverhältnis zu einander (Rationalitätsunterstellung). Im Laufe der fortschreitenden Interpretation wird eine Konsistenz- oder Übereinstimmungsmaximierung zwischen Sprecher und Interpret erarbeitet. Wahrheitstheorien werden modifiziert und dem Stand der Verständigung angepasst. Es geht dabei nicht darum, abweichende Meinungen als Unsinn zu disqualifizieren oder dem Sprecher eine abweichende und inkommensurable Ontologie nachzuweisen. Uneinigkeit festzustellen ist nur möglich, wenn klar ist, worum es überhaupt geht. Müssen dem anderen zu viele unsinnige Absichten unterstellt werden, liegt der Verdacht nahe, dass er über etwas anderes spricht als der Interpret es vermeinte. Wie Sätze werden Überzeugungen als Überzeugungen über Gegenstände nur anhand von anderen Überzeugungen identifizierbar. Es wird davon ausgegangen, dass ein Sprecher über ein Netzwerk miteinander konsistenter Überzeugungen verfügt. Die holistische Auffassung der Überzeugung ist eng verwandt mit dem Bedeutungsholismus. Davidson spricht von »holistic charater of the mental« (1982, 302). Er ist die Konsequenz der komplementären Rollen, die Überzeugungen und Bedeutungen für die Interpretation von Sprechverhalten spielen.

Ein Interpret ist von Beginn an auf eine Wahrheitsunterstellung angewiesen als auch auf die Unterstellung, der Sprecher verfüge über ein System von wahren Überzeugungen. Vor der Maximierung von Konsistenz bei fortschreitender Interpretation steht die Unterstellung weitgehender Konsistenz zwischen Sprecher und Interpret. Erst wird von Übereinstimmung ausgegangen, dann folgt eine Krise, darauf die Wiederannäherung. Der Zirkel des Verstehens erweist sich als hermeneutischer Zirkel. Wir müssen stets schon verstanden haben, um den anderen besser zu verstehen. Den hermeneutischen Zirkel konstruiert Davidson Mittels Tarskis Wahrheitstheorie. Als Sprecher von Sprachen stehen wir stets schon innerhalb des Zirkels. Wenn wir übersetzen und interpretieren springen wir nicht in einen fremden Zirkel, sondern gehen davon aus, dass Sprecher aller Sprachen, in demselben Zusammenhang von Sprecher, Interpret und Welt stehen. Davidsons »linguistische Kompetenz« erweist sich als hermeneutische Kompetenz, die letztlich zu einer allgemein

heuristischen Kompetenz gehört, die uns suchen und finden lässt. So können wir zwar alles in Frage stellen, doch nie alles zu gleich. Davidson spricht von einer »Lebenskunst«, die es uns ermöglicht, mit Witz, Glück und Klugheit in der Welt zurecht zu kommen und Dinge, Ereignisse und andere Menschen zu verstehen (vgl. 225ff.).
Unter diesen Voraussetzungen kann es *keine* Inkommensurabilität von Sprachspielen, Kultur- und Lebensformen geben. Jedes Sprachspiel ist prinzipiell in ein anders übersetzbar und verstehbar.[2] Die Grenzen unserer Sprache mögen zwar die Grenzen unserer Welt sein. Doch Fremdsprachen lassen sich zweifelsohne lernen und die Grenzen erweitern. Es handelt sich dabei vermutlich eher um Schwellen, um Übergänge.
Heidegger hat der Wissenschaft nicht nur Seinsvergessenheit, sondern auch Nicht-denken, bescheinigt (VA, 127). Er spricht von einer »Zerklüftung« des Seins und des Denkens, und insistiert trotzdem auf Zusammengehörigkeit, wenn auch nicht auf Identität (vgl. BPh, § 156ff.).
Was das Nicht-denken der Wissenschaft anbetrifft, so unterstellt Heidegger ihr keineswegs Irrationalität, sondern höchste Rationalität und Konsistenz (vgl. u.a. VA, 41–66; 123–137). Sie ist sozusagen in sich so begründet und begründend, dass sie den Abgrund vergisst, aus dem alle Begründung erst anhebt. Die Unmöglichkeit einer Letztbegründung besteht nicht allein darin, dass wir in unserem Denken nicht unendlich weit zurückgehen können, sondern auch darin, dass das Unvordenkliche eben unvordenklich ist. Es gibt keine causa sui, jedenfalls nicht so wie es etwas als Etwas, nämlich als Seiendes gibt. Das wussten schon die Mystiker aller Kulturen und Zeiten.
Heidegger versucht diesen Abgrund nicht denkend auszuloten. In das Unvordenkliche reicht auch Heideggers Denken nicht hinein. Er will ihn in das Denken einholen, ihn dem Vergessen entreißen, im Sinne seiner ›Aletheia‹ entbergen, in die Un-Verborgenheit bringen, wie er vermutlich sagen würde. Dieser Abgrund ist das Sein selbst (Seyn). Was es selbst ist, ist dies niemals für uns. Es ist Kants »X«, Kants »transzendentaler Gegenstand« (vgl. KdrV A 108f., A 251f.), vor dem er, wie Heidegger bemerkt, erschreckt zurückweicht (KPM 115ff., 155ff.). Dieses »Erschrecken« ist der Anlass für Kants Zweifel – die Grundstimmung[3] nicht nur der Descarteschen Philosophie –, der ihn in die »Achtung fürs Gesetz« treibt, welches der Mensch sich selbst gibt (eine geradezu existenzialistische Wendung), um in der Unterwerfung unter das selbst gegebene Gesetz, sich in seiner Würde als autonomes Wesen wieder zu finden (vgl. u.a. GMS: BA 14ff., BA 61, BA 78ff., BA 85ff.).

Bei Heidegger wird das Erschrecken zur »Leitstimmung« (BPh, 596), zum heilsamen »Chock«,[4] der ihn aus seiner Verwirrung, seiner Konfusion reißt, um in mitten der als Heimatlosigkeit erlebten Fremde zu einer Topologie des Seins, zu einem Nennen des Ortes, der Heimat anzuheben und damit ein Wohnen auf dieser Erde, in der Nähe zum Sein vorzubereiten (vgl. u.a. Kettering, 1987, bs. 220–223; Pöggeler 1962; 1974). Aus diesem heilsamen »Chock« resultieren »Scheu«, »Verhaltenheit« und »Ahnung« (vgl. BPh, u.a. §§ 6, 13, 249), ein ahnungsvolles Sich-richten auf das, wovor Kant zurückwich. Damit befinden wir uns schon in medias res der Affektlogik, die ein zusammengehören von Denken und Fühlen postuliert.
Das wissenschaftliche Denken unterscheidet sich in der Stimmung von Heideggers besinnlichem Denken. Die Stimmung des wissenschaftlichen Denkens beschreibt Ciompi als »›kühle‹ Lust« (1998, 73). Lust und Unlustvermeidung im weitesten Sinne ist immer im Spiel, sowohl bei Kant, den das Entsetzen packt und der daher zu einer befriedigenden Lösung des Autonomieproblems des Subjektes und seiner Vernunft und zu einer gewaltigen Denkleistung anhebt, als auch bei Heidegger, der von einer Ahnung und der Mischung von Faszination und Entsetzen – er spricht von »Schrecken und Begeisterung« (BPh, 22)[5] – getrieben zu einer nicht geringeren Leistung sich aufschwingt, um die gesamte Metaphysik zu überwinden und gleich einem Leiden zu verwinden.
»Erkenntnis kommt von Leiden und Leid«, stellt Ciompi mit Hugo von Hofmannsthal und Binswanger fest (1997, 113). »Not macht erfinderisch«, wie es so schön heißt, »Not lehrt Denken«, wie auch Ernst Bloch wusste, Not, die tief und existentiell empfunden wird, und sei es die Not der Seinsverlassen- und Seinsvergessenheit der abendländischen Metaphysik (vgl. Heidegger, BPh u.a. § 50ff.) oder die Not, der in ihrer Autonomie bedrohten Vernunft. Und noch die »›kühle‹ Lust« der Wissenschaft, ihre »coolness«, kann als Abwehrhaltung einer existentiell empfundenen Not des Ausgesetztseins in der Fremde, der Heimatlosigkeit (Heideggers »Geworfenheit«) interpretiert werden, die dem Streben nach Erkenntnis die nötige Leidenschaft verleiht. Das Unverstandene, noch Unbekannte muss verstehbar, berechenbar und zu einer für Menschen bewohnbaren und bebaubaren Welt gemacht werden, zum tragenden Grund und Boden.[6] In diesem Sinne ist auch Wissenschaft Rationalisierung. Die kühle Lust aber besteht gerade darin, zu sehen wie sich alles fügt und unserem Denken und Handeln verfügbar wird. Der Stachel der Not wird spätestens dann spürbar, wenn es oder etwas sich nicht fügt, wenn etwas nicht stimmt. Auch wenn bei beherrschten Wissenschaftler-

Innen kühle Lust nicht so leicht in kalte oder heiße Wut umschlägt, so wird wo möglich für ihn oder sie wenigstens ansatzweise spürbar, dass Leidenschaft (Pathe/Pathos) etwas mit Leid und Leiden zu tun hat, und ihre Grundstimmung doch die der Verwirrung, des Sich-nicht-auskennens (Wittgenstein) oder der Heimatlosigkeit (Heidegger/Bloch), der Verlorenheit in der Fremde (Hölderlin) ist. Ciompi beschreibt die Stimmung der fraktalen Affektlogik als »eine Art von Intellektueller Lust an einer umfassenden ökonomischen Stimmigkeit, in der alle anderen Affekte weiterhin mitschwingen« (1997, 291).

Soviel zur Einstimmung in das Thema. Ich möchte mich nun an die »Übersetzungsarbeit« machen, vergleichbar Quines Feldlinguisten im Dschungel, allerdings im Dschungel der verschiedenen Begriffs- und Denksysteme. Wobei klar sein müsste, dass dies nicht ohne Interpretationsleistung machbar ist. Zur Unbestimmtheit der Übersetzung (Quine) gehört also die Unbestimmtheit der Interpretation (Davidson). Das impliziert nicht Beliebigkeit der Übersetzung und Interpretation, denn sie müssen schließlich dem »Principle of Charity« genügen. Ihre Angemessenheit zeigt sich im Verstehen, ob etwas verstehbar wird und darin wie weit das Verstehen trägt, ob Anschlussmöglichkeiten sich ergeben, letztlich in der Stimmigkeit. Allerdings nur totalitäre Denksysteme unterliegen dem Wahn (z.B. Totalerklärungsmuster wahnhafter Denksystemen bei Sekten), dass alles und jedes sich ihrem System fügt. Wir sind endliche Wesen und Vernünftigkeit beweist sich gerade da, wo wir unserer Endlichkeit eingedenk, dieser in unserem Denken Rechnung tragen. Wo das nicht geschieht, schlägt Vernunft in Wahnsinn um. Insofern kann das Erkennen, Zulassen und Aushalten von Unstimmigkeit, die ja gerade vor dem Hintergrund des sonst Stimmigen bemerkbar wird, ein eben solches Rationalitätskriterium sein wie Konsistenz und Welthaltigkeit. Vielleicht ist die nicht vollständige Konsistenz einer Weltanschauung ein Kriterium dafür, dass es sich hier nicht um ein wahnhaftes System handelt, nicht aber dafür, dass sie wahr ist in allen ihren Teilen und Verknüpfungen. Ein nicht wahnhaftes System ermöglicht lediglich Orientierungswissen und ist revidierbar.

2 Die Zerklüftung, der Unterschied oder: das Ereignis der Fraktalität des Seyns

2 DIE ZERKLÜFTUNG, DER UNTER-SCHIED ODER: DAS EREIGNIS DER FRAKTALITÄT DES SEYNS

Der zwar nicht am häufigsten genannte aber wohl einer der anfänglichsten Termini Heideggers ist »Zerklüftung des Seyns« (vgl. BPh; § 127, 156ff.). Er nennt den Anfang des Verhängnisses, des Fatums, des Schicksals oder der Schickung, nämlich *das* »Ereignis« des Ur-Sprungs. »Ur-Sprung« ist nicht nur im Sinne von Anfang zu denken, sondern ebenso verbal von Zerspringen. Im Anfang war das »Aufklaffen« das »Zerspringen des Seins«, wie Merleau-Ponty sagt (US 165, 276, 333), ein »Big Bang«, um es salopp auszudrücken, ein Zerbrechen in viele Seinsfraktale und -fragmente. Das Sein ist schon im Anfang fatal (verhängnisvoll oder schicksalhaft) fraktal. Es handelt sich bei den »Scherben« immer um Bruchstücke desselben ur-sprünglich, nämlich in das und aus dem Ereignis (vgl. ID, 18ff.) des Ur-Sprungs zusammengehörigen. Insofern gleichen sie sich, sind Variationen desselben,[7] und in sich nicht kontinuierlich, sondern unendlich zerbrochen und zerbrechlich.

»Ereignis« meint nicht nur, wie etwa bei Prigogine (vgl. etwa 1998) eine Instabilität auf Grund der sensiblen Abhängigkeit von den Anfangsbedingungen, so das sich durch minimalste Veränderungen, die Verhältnisse ändern und unabsehbare Folgen zeitigen. Prigogine schreibt auch:

> »Durch die Betrachtung des Chaos gelangen wir zu einer neuen Kohärenz, zu einer Wissenschaft, die nicht mehr nur von Gesetzen, sondern vom Ereignis spricht, einer Wissenschaft, die nicht mehr die Emergenz von Neuem und damit ihre eigene schöpferische Aktivität leugnen muss.« (1998, 8)

Und:

> »Die Ewigkeit kennt keine Ereignisse mehr – aber kann man sie dann überhaupt vom Tod unterscheiden?« (88)

Ähnliche Ursachen führen zu völlig unähnlichen Wirkungen. Der viel zitierte Schmetterlingseffekt gehört hierher. »Ereignis« im Sinne Heideggers meint aber vorgängig den Ur-Sprung in zeitlicher wie in räumlicher Hinsicht. Dieser ist es, der alles Sein unvordenklich, also stets schon ge-währt haben wird. Alle weiteren Ereignisse sind Wieder-holungen des einmaligen Ur-Sprungs und geschehen aus diesem und gehören in diesen.

Was das Ereignis ist, oder gar, was vor dem Ereignis war, lässt sich so wenig beantworten wie die Frage, was vor dem Urknall und vor Zeit und Raum war oder wie die Frage, was Gott vor der Schöpfung tat. Luther soll geantwortet haben, dass Gott in einem Birkenwäldchen saß und Ruten schnitzte für Leute, die solche Fragen stellen. »Ereignis« nennt eine Singularität, eine Anfangssingularität (vgl. Kanitscheider 1991, Kap. 6.4.5). Bernulf Kanitscheider beschreibt den Unterschied zwischen einem raum-zeitlichen Ereignis wie einer Explosion und der Anfangssingularität, die mit dem missverständlichen Wort »Urknall« belegt wurde:

> »Der Urknall ist keine Explosion. Ein Feuerwerkskörper zerplatzt in einem Punkt der Raumzeit, am Urknall jedoch begann die Raumzeit erst ihre Existenz. Der Unterschied wird deutlich, wenn man versucht, die beiden Situationen zu parallelisieren. Bei einer Explosion im Raum gibt es einen zentralen Punkt, von dem aus das Gas, bewegt durch einen Druckgradienten, nach außen getrieben wird. Die Druckwelle, die sich durch die Luft fortpflanzt, wird von unserem Ohr als Knall empfunden. Wieder ist es die Homogenität, die dieses Bild unübertragbar macht. Anders als bei einer lokalen Explosion gibt es beim Urknall keine Druckdifferenzen zwischen dem Explosionszentrum und dem Rand des nach außen strebenden Gases, sondern p hat auf jeder Homogenitätshyperfläche den gleichen Wert, er ist nur eine Funktion von t. Deshalb ist der Terminus Urknall eine verführerisch falsche Metapher.« (235f.)

Heidegger spricht stets von dem Ereignis nicht von Ereignissen also nicht von, wie Luhmann etwa schreibt: »temporalisierten « oder »zeitpunktfixierte[n] Elemente[n]« (vgl. 1984, 102, 394). Ereignisse sind durch ihr »zeitliches Vorkommen identifiziert, sind also unwiederholbar« (102). Kanitscheider betont entsprechend, dass es sich bei der Anfangssingularität nicht um ein Ereignis im landläufigen Sinne handelt:

> »Verfolgt man dem Ablauf der Welt in die Vergangenheit, so stößt eine solche kosmologische Rekonstruktion nicht auf ein hartes erstes Ereignis, genannt Anfangssingularität, das allein kausale Nachfolger und keine Vorgänger hat, sondern die Ereignisse in der Nähe von t = 0 laufen ›aus‹ wie die reellen Zahlen im offenen Intervall (0, 1), wenn wir uns der Null nähern. Dies passt sehr gut dazu, dass die Singularität ja selbst kein Element der Mannigfaltigkeit ist und somit in t = 0 kein Ereignis (dargestellt durch einen Punkt in der vierdimensionalen Raumzeit) stattgefunden haben kann, das als erstes Ereignis alle anderen nach sich gezogen hat, obwohl es selbst unverursacht war.« (261f.)

Im Johannesevangelium heißt es – wie aus einer tiefen Ahnung heraus, dass hier nicht einfach eine Kette kausaler Ereignisse initiiert wurde –, »*im* Anfang« und nicht »*am* Anfang«. Für Heidegger ist das Wort »Ereignis« ein »Singulare tantum« (ID, 29) und ein » ›neutrale tantum‹, das neutrale ›und‹ im Titel ›Zeit und Sein‹ « (SdD, 47). »Ereignis« nennt das Zwischen, den Ur-Sprung, die Kluft, die Differenz oder den »Unter-Schied« selbst (UzS, 24ff., Hw, 336), ohne den es keine Differenzen oder Unterscheidungen, keine Relationen zwischen und innerhalb der Seinsfraktale, zwischen den Elementen, auch zwischen den temporalisierten Elementen, den Ereignissen und damit weder Zeit noch Raum geben würde.
Ihm geht es zunächst nicht um die Seinssplitter, die Fraktale, sondern um die Differenz, die Kluft. Diese aber wiederholt sich zwischen jedem und in jedem Fraktal. Jeder Seinssplitter zerspringt erneut und wird zugleich zusammengehalten im und aus demselben Ur-Sprung, der »Kluft«, der »Differenz«, dem »Unter-Schied« oder auch dem »Riß« (u.a. UzS, 27ff.; Hw, 51ff.), der zusammenreißt, Gestalt und Form verleiht und so etwas als etwas im Unterschied zu etwas anderem für uns bedeutsam werden lässt.[8] Das Sein selbst (das Seyn) ist zersplittert und zugleich ein Seinsgefüge. »Sein« bzw. »Seyn« mein das Gefüge im Unterschied zum Gefügten, die Relation bzw. Relationalität im Unterschied zu den Relata. »Seyn« meint als Sein des Seins oder das Sein selbst, eine Relationalität im Unterschied zu den Relata, die in diesem Fall selbst nichts Seiendes, sondern Relationen sind. »Seyn«, »Sein selbst« meint die Relationalität von Relationen, auch von Relationen von Relationen usw., ein Gefüge von Gefügen. Der Unter-Schied ist die ontologische Differenz, der sich stets wieder-holende Ur-Sprung zwischen dem Seyn und dem Sein des Seienden, denn:

> »*Nur das Einmalige ist wieder-holbar.* Nur es hat in sich den Grund der Notwendigkeit, dass wieder zu ihm zurückgegangen und seine Anfänglichkeit übernommen wird. Wieder-holung meint hier nicht die dumme Oberflächlichkeit und Unmöglichkeit des bloßen Vorkommens dess*elben* zum zweiten und dritten Mal. Denn der Anfang kann nie als dass*elbe* gefasst werden, weil er vorgreifend ist und so je das durch ihn Anfangende anders umgreift und demgemäß die Wieder-holung seiner bestimmt.« (Heidegger, BPh., 55 [Hervorhebung durch die Verfasserin])

Während für Luhmann (1984, 112) ähnlich wie für Heidegger *am* Anfang nicht die Identität, sondern die Differenz steht, ist für Heidegger jede

anfängliche Differenz die Wieder-holung jener ur-sprünglichen Differenz, *in* dessen Anfang, Ur-Sprung alles sich fügt, als Einheit der Differenzen in der Differenz. Einheit meint zusammengehören nicht Identität und schließt Luhmanns »Differenz von Identität und Differenz« (1984, 26) mit ein. Da aber alles Differenzieren noch *im* Anfang steht, ist der Prozess des Ur-Sprungs ein unabgeschlossener und offen für Neues. Das Ereignis ermöglicht sowohl Ereignisse als auch das Ereignen, die »Emergenz von Neuem« (Prigogine 1998, 8). Es ist die Wieder-holung des Einmaligen, des Ur-Sprungs *in* dessen Anfang ein neues Sein von Seienden aus einem »Vorzustand« emergiert. Es wird eine neue »Stufe«, ein »Seinslevel« oder »Seinsstrata« initiiert.
Das Zerbrechen oder die Zerklüftung (Verbalsubstantiv) des Seyns ist als Anfangssingularität die Initialemergenz. Sie ist *das* Ereignis, und als dieser Ur-Sprung »west [das Seyn] als das Ereignis« (BPh., 260). Eisenhardt und Kurth beschreiben Emergenz ganz allgemein als »Brechung der Zusammenhangsstruktur eines Vorzustandes beim Übergang in einen Nachzustand« (Kurth 1997, 270; vgl. Eisenhardt/Kurth 1993, 40ff.) Nun kann die Initialemergenz kein beliebiger Sonderfall von Emergenz sein. Der Ur-Sprung ist kein lokalisierbares Ereignis in der Zeit, sondern die Bedingung der Möglichkeit der Möglichkeit von Zeit und Raum, wie jeder nur denkbaren Metrik. Was hier auch immer (zer)bricht kann kein Vorzustand sein. Für Heidegger zerbricht das Seyn. Kurth spricht von »Grundzustand« oder auch in Anlehnung an die Quantenkosmologie von »Quantengrundzustand« (1997). Alle Begriffe die wir dafür (er)finden mögen sind mehr oder weniger taugliche Bilder, wobei Tauglichkeit sich nach den Anschlussmöglichkeiten für eine weiterführende Theorie ermisst. Letztlich lässt sich nicht sagen, dieses oder jenes Bild, z.B. »Urschaum« oder »Megauniversum« (vgl. ebd.), sei inadäquater, angemessener als ein anderes. Denn das, wofür diese Bilder stehen, ist das im wahrsten Sinne des Wortes Maßlose. Die Initialemergenz ist das Zerbrechen des Maßlosen (Apeiron). Kurth beschreibt die Initialemergenz als Brechung (Branching) der Zusammenhangsstruktur des Grundzustandes bzw. Quantengrundzustandes (1997, 169ff.). Der emergierte Zustand ist aber keinesfalls schon ein maßvoller. Die Zusammenhangsstruktur des maßlosen Grundzustandes, des Seyns ist *im* Ur-Sprung maßlos zerbrochen. Weiter unten werde ich darauf zurückkommen.

3 Logos, das Seynsgefüge oder: die große Versammlung

3 LOGOS, DAS SEYNSGEFÜGE ODER: DIE GROẞE VERSAMMLUNG

Ein Gefüge ist zunächst ein relationales Ganzes. Es ist in sich verhältnishaft. Nur ein Gefüge, ein relationales Ganzes kann aus den Fugen geraten, »verrückt« werden. »Fuge« ist Heideggers Übersetzung für »dike«. »Dike« wird meist mit Recht, Gerechtigkeit und Richtigkeit übersetzt. »Adike« meint nach Heidegger Unfug, das Aus-den-Fugen-geraten[e], sozusagen die Verrücktheit. Meist wird es mit Unrecht übersetzt. Es ist das Unrechte, das Nicht- oder Unrichtige (vgl. Hw, 325ff.). »Structura« (lat.) meint das Zusammengefügte, ein Gefüge, Bau und Bauart. Das »Wie« der Bauart, der Zusammenfügung beschreibt die Genese eines Ganzen. »Systema« (griech.) meint Zusammenstellung, ein Gebilde, eine Ganzheit. Das Moment des Zustandes (»stasis«) eines Ganzen wird mehr betont. »Systasis« – Zusammenstellen, -fügen, -fügung, Verknüpfung (vgl. Ciompi 1997, 117). Verhältnishaftigkeit oder Proportionalität ist nach Wolfgang Schadewaldt im alten griechischen Wort »logos« gemeint und nicht bloß das gesprochene Wort. Im Wort »logos« überlagern sich nach Schadewaldt verschiedene Bedeutungsebenen: Es nennt die »Struktur des Seins«, welche alles Seiende strukturierend »aufbaut« und als ein Ganzes in seinem inneren Zueinander und in seiner inneren Differenzierung zusammenfügt. Als »strukturale[s] Seinsgefüge« kann es in den Dingen als ihre innere Proportionalität erkannt und verstanden werden und wird so zum Logos des »adäquaten Verstehens«. In neuzeitlicher Weise wird es zum »System von Bezügen der Subjektivität«. Zu Wort kommend, kann es ausgesprochen werden. (Schadewaldt 1978, Bd. 1, 187f.)

Was hier als »Gefüge« beschrieben wird entspricht dem, was in der Systemtheorie unter »Struktur« und »System« verstanden wird. Ciompi führt aus, dass »Struktur« und »System« analoge Begriffe sind. Dass »Struktur« aber mehr den diachronen Aspekt der Genese und »System« mehr den synchronen Aspekt des Zustandes eines »äquilibriertes[n] ›Gefüge[s] von Relationen‹ « betont (1998, 112, vgl. 99–122). Doch im Unterschied zu Strukturen haben Systeme immer Grenzen, ein Diesseits und ein Jenseits, und es gibt die Möglichkeit der Überschreitung der Grenze (vgl. Luhmann 1984, 52). Eine Struktur macht also noch kein System. Ein System ist nur ein System, wenn es sich mindestens von einem Co-System als seiner Umwelt abgrenzt. Aber Systeme haben Strukturen. Ebensowenig ist Struktur dasselbe wie die Genese des Systems. Struktur ist nicht Prozess, aber »Prozesse haben«, wie Luhmann schreibt, »Strukturen«.

»Beide setzen sich [...] wechselseitig voraus, denn Strukturierung ist unter anspruchsvolleren (nicht rein zufallsbestimmten) Bedingungen ein Prozess, und Prozesse haben Strukturen. Sie Unterscheiden sich durch ihre Verhältnis zur Zeit.« (Luhmann 1984, 73)

»Logos« ist gewissermaßen ein sehr altes und anders Wort für die Strukturierung einer Struktur und das Systemische oder systematische eines Systems. In diesem Sinne ist alles dasselbe, wenn auch nicht das gleiche, nämlich Logos (vgl. Heidegger, VA, 213).

Heidegger übersetzt »Logos« als Sammeln und Versammeln, und Beisammen-vor-liegen-lassen (vgl. u.a. VA, 207–229; UzS, 185, 237; GA 55, 186–402; EiM, 94ff.). Mag sein, dass er damit so unrecht nicht hat. Sammeln ist kein willkürliches anhäufen von Dingen. Gesammelt werden nur bestimmte Dinge unter bestimmten Gesichtspunkten. Sie besitzen Gemeinsamkeiten, Invarianz und zugleich unterscheiden sie sich von einander. Sie besitzen Varianz. Sie werden in eine Ordnung, in ein System gebracht, in ein Verhältnis zu einander gesetzt, dass sie in einer Weise gesehen werden können, wie kein »profaner Besitzer« sie je sehen würde. Alles rückt »für den wahren Sammler«, wie Walter Benjamin ihn beschreibt, »zu einer Weltordnung zusammen, deren Abriss das Schicksal seines Gegenstandes ist«. Ein Sammler ist für Benjamin ein »Schicksalsdeuter« (PW I, 276), und »er nimmt den Kampf gegen die Zerstreuung auf«, er wird »ganz ursprünglich von der Verworrenheit, von der Zerstreutheit der Dinge angerührt, in dem die Dinge sich in der Welt vorfinden [...] der Sammler [...] vereint das zusammengehörige« (279). Struktur und System sind »ein Produkt aus einer Invarianz und Varianz«. Diese Definition Ciompis berücksichtigt »das Element der Totalität«. Alle Elemente haben etwas Gemeinsames (Invarianz) und bilden auf Grund dieser Gemeinsamkeit ein Ganzes. Sie berücksichtigt schließlich das »Phänomen der Transformation durch das Element der Varianz, die mit dem invarianten Teil gekoppelt ist« ebenso wie das »Phänomen der Autoregulation«. Es wird eine Regel, ein Gesetz vorausgesetzt, »innerhalb dessen die freie Variation erst möglich und gestattet ist« (Ciompi 1998, 104, vgl. 109ff.).

Das Wort »logos« umfasst all diese Momente, einschließlich dem Moment der Prozeßhaftigkeit, des Geschehens oder der Aktivität. Das Versammeln oder Beisammen-vor-liegen-lassen nennt ein Geschehen, nämlich wie etwas ins Anwesen, in die Unverborgenheit[9] kommt und ist, »anwest« (vgl. u.a. Heidegger, VA, 112ff.). Es nennt eine Wirklichkeit oder ein Wirklich-werden, ein Wirklich-sein oder Verwirklichen und (Be)wirken. Es handelt sich um eine Tätigkeit

im Sinne der »energeia«. Ciompi versteht Wirklichkeit ebenfalls aus dem Wirken, von dem, was wirkt und (etwas) bewirkt her (vgl. 1998, 120, Anm. 15, 186, 223; 1997, 35ff., 43, 291). Benjamin schreibt, dass der Sammler den Kampf gegen die Zerstreuung aufnimmt. Der Logos aber als das Seynsgefüge ist das »unendliche Verhältnis«, das die Seinssplitter als die ur-sprünglich zusammengehörigen aus seiner »Mitte« aus der ur-sprünglichen Differenz, dem Ur-Sprung, heraus versammelt und zusammenhält (vgl. GA 4, 163ff.).
Bisher habe ich von »Sammeln« und »Versammeln« gesprochen und vom »Sammler«. Das geschah nicht deshalb, weil Benjamins Begriff des »Sammlers« Heideggers Verständnis von »Logos« so nett und sinnfällig bildhaft illustriert, sondern weil für Heidegger der Mensch ursprünglich Sammler ist.[10] Er ist, was er ist, in und aus der Tätigkeit (Energeia) des Logos. Nur deshalb ist er ein »zoon logon echon«, ein Lebewesen, das Sprache hat, sprechen kann (vgl. u.a. Hum, 14ff.; EHD 37f.; VA, 140, 184; GA 53, 112). Sprache versteht Heidegger nicht als Tätigkeit des Menschen, des Subjektes, sondern er versteht den Menschen aus der Tätigkeit der Sprache. Sprache ist eine Weise des Logos, ein weiters Fraktal. Denken (Erkennen) und Sein gehören für ihn unlösbar aus demselben Ereignis des Ur-Sprungs, der ur-sprünglichen Differenz, aus dem Unter-Schied und in dasselbe, den Logos als ein Bipol oder »Zwiefalt«, wie Heidegger sich ausdrückt, zusammen (vgl. ID, 18ff.; VA, 223–248). Denken oder Kognition ist ein erfassen und verarbeiten von Unterschieden, Varianzen und Invarianzen (vgl. Ciompi 1997, 70ff.). Sprache aber ist das System, in welchem das ur-sprünglich Zusammengehörende wieder zusammengefügt wird und sich für uns als Bezugsganzes und Verweisungsgefüge öffnet und als Sein des Seienden vorliegt. In ihr gehören Sein und Denken zusammen. Heidegger nennt sie »Das Haus des Seins«, in dem die Menschen wohnen. Sie ist die »Behausung des Menschenwesens« (u.a. Hum, 5.).
Sein, Denken, Sprache sind letztlich dasselbe: Logos, ein äquilibriertes Gefüge von Relationen. Sie sind nicht das Gleiche, aber sie gehören zusammen. Es handelt sich im Sinne des Konstruktivismus und der Systemtheorie um koevolutionierende und interagierende Systeme. In den Interaktionsbereichen kommt es zu wechselseitigen Strukturveränderungen, zu strukturellen Kopplungen. Wie diese Systeme unterschieden werden ist wiederum abhängig von dem Sein, dem Denken und der Sprache des unterscheidenden psychischen Systems, wie Luhmann sagt, des Beobachters oder Daseins, wie Heidegger es nennt. »Da« im Wort »Dasein« nennt die Erschlossenheit oder Offenständigkeit des Menschen für sich selbst, für andere und anderes Seiendes, sein »Seinsverständnis«, den Selbst- als auch den Fremdbezug. Das Dasein ist sich selbst in

eins mit Welt gegeben. Es wohnt in der Erschlossenheit oder der sich stets vollziehenden Lichtung des Seins und ist zugleich ein konstituierendes Moment des Vollzugs. »Dasein« beschreibt ein in basaler Weise selbstreferentielles System. Nach Luhmann kann ein System als selbstreferentiell bezeichnet werden,

> » [...] wenn es die Elemente, aus denen es besteht, als Funktionseinheiten selbst konstituiert und in allen Beziehungen zwischen diesen Elementen eine Verweisung auf Selbstkonstitution mitlaufen lässt, auf diese Weise die Selbstkonstitutionen also laufend reproduziert.« (1984, 58)

Selbstreferentielle Systeme operieren danach im steten »Selbstkontakt«. Auch für ihren Bezug zur Umwelt, ihren »Umweltkontakt« verfügen sie über keine andere Weise als den »Selbstkontakt«, d.h. es besteht eine permanente »indirekte Selbstreferenz der Elemente«, insofern diese eine über »andere Elemente laufende Rückbeziehung auf sich selbst« ermöglichen. Systeme mit dieser basalen Form der Selbstreferenz werden als operationell geschlossene Systeme bezeichnet, »denn Sie lassen in ihrer Selbstbestimmung keine anderen Formen des Prozessierens zu« (vgl. ebd., 59f.). Systeme mit basaler Selbstreferenz werden als autopoietisch bezeichnet.

In diesem Sinne ist das Dasein immer schon in der Welt (Heidegger) als einen Bezugs- und Verweisungszusammenhangs (vgl. SuZ §§ 12ff., 28ff.) und verhält sich zur Welt (Merleau-Ponty). Gleichzeitig ist es stets schon bei sich selbst und verhält sich zu sich selbst. Welt ist nach Luhmann die »Einheit aller Möglichkeiten sinnhafter Verweisungen«. Und er schreibt weiter:

> »Dass heißt vor allem: dass der Welthorizont jeder Differenz ihre eigene Einheit als Differenz garantiert. Damit hebt er auch die Differenzen aller Einzelperspektiven auf, indem für jedes System die Welt die Einheit der eigenen Differenz von System und Umwelt ist. In je bestimmten Vollzügen fungiert die Welt somit als ›Lebenswelt‹. Sie ist somit das momentan unbezweifelte, das Vorverständigtsein, die unproblematische Hintergrundüberzeugung und tragende Meta-Gewißheit, dass die Welt irgendwie alles Auflösen und alles Einführen von Unterscheidungen konvergieren läßt. Sie ist momentan und überhaupt voraussetzende Geschlossenheit der Zirkularität sinnhafter Selbstreferenz.« (1984, 106)

Welt ist entsprechend für Heidegger wie für Luhmann (ebd., 282) nicht die Gesamtheit des Seienden, keine (wie immer umfassende, totale) Sachgesamtheit, keine »universitas rerum«, die nicht differenzlos gedacht werden

könnte«, sondern wie das Dasein selbst wesenhaft Nicht-Seiendes, ein mehr oder weniger äquilibriertes Gefüge von Relationen, welches sich ständig selbst hervorgebracht haben wird und in dessen autopoietischen Prozess das Dasein verwickelt ist als ein ebenfalls autopoietisches, operationell geschlossenes Ganzes. Welt ist auch für Heidegger ein Geschehen, ein Prozess oder eine Tätigkeit (Energeia), Welt ist nicht, Welt geschieht »Welt weltet« (vgl. VA, 173f.) Dem Dasein, bzw. Luhmanns psychischen System ist Welt »als unfassbare Einheit gegeben« (Luhmann 198, 282).
Letztlich ist für Heidegger alles dasselbe, nämlich Logos. Doch der Logos ist nicht ein Einziger. Es gibt derer viele Logoi, die mehr oder weniger strukturell mit einander gekoppelt sind, sich gegenseitig durchdringen, stören und verstören, für einander Umwelten bilden, einander voraussetzen und emergent zueinander sind. Alles aber gehört zusammen, sozusagen in die große Versammlung des absoluten Logos.

4 Physis und Techne: Autopoietisches und allopoietisches Sein

4 PHYSIS UND TECHNE: AUTOPOIETISCHES UND ALLO-POIETISCHES SEIN

Heidegger unterscheidet zwischen einem Sein, das sich selbst hervorbringt, der »Physis« und einem, das sich nicht selbst hervorbringt, der »Techne«. »Physis« meint nicht Natur im gegenständlichen Sinne und schon gar nicht die Natur, welche die Naturwissenschaft zu ihrem Gegenstandsbereich erklärt hat. In der Rede von der »Natur der Dinge«, ihrem Wesen, ihrem Sein, ihrer Prozeßhaftigkeit kommen wir dem schon näher, was »physis« meint (vgl. Wm, 237–299; GA 79, 63ff.). Physis ist für Heidegger, das »Wesen des Seins«, und Wesen ist als Verbalsubstantiv zu verstehen (vgl. VA 263). Das Wesen des Seins ist sich zu entbergen, aufzugehen, hervorzukommen ins Unverborgene (Wm, 298f.). Physis ist »das von-sich-her-Aufgehen«. Sie ist ein »Her-vor-bringen«, »Poiesis« »im höchsten Sinne«, denn sie hat »den Aufbruch des Her-vor-bringens [...] in ihr selbst« (TK, 11), sie ist Autopoiesis. Das Entbergen ist zugleich ein Verbergen, ein Sich-verschließen. Das Wesen (das Geschehen) selbst erscheint nicht, ist nicht sichtbar, nur seine Her-vor-bringungen (vgl. u.a. VA, 270f.; Wm, 298f.). Es handelt sich hier wie immer bei Heidegger um die Aletheia-Struktur des Seins. Entgegen Hegels Diktum ist der »Schein [...] dem Wesen« gerade nicht »wesentlich«. »Die Wahrheit« im Sinne der Un-Verborgenheit währt und gewährt das Her-vor-bringen, auch wenn sie nicht scheint und erscheint. Sie ist das Un-scheinbare selbst, und es ist ihr als dem Wesen (Verbalsubstantiv) wesentlich gerade nicht zu scheinen und zu erscheinen. Auch ist sie nicht »für Eines«, vermutlich weder »für sich selbst »noch« für den Geist überhaupt« (Hegel: VÄ I, 21). Die Wahrheit als Un-Verborgenheit ist wie der Geist fraktal.

»Physis« meint nicht nur ein Sich-selbst-her-vor-bringen und sich in diesem Her-vor-bringen (er)halten, sondern ebenso die »Verfügung über sich selbst« (Wm, 296), »Autonomie«, ein »Aus-sich-selbst-für-sich-selbst-sein«.[11] Physis ist eine Weise des Logos, und zwar der autopoietischer Systeme. Sie haben ihren Zweck (Telos) in sich selbst. Sie sind selbst(re)produzierend. Sie sind strukturell determiniert, d.h. die jeweilige Struktur bestimmt in wieweit ein lebendes System sich verändern kann, ohne seine autopoietische Organisation einzubüßen und zu sterben. Es geht ihnen um sich selbst oder um ihr eigenes Sein, wie Heidegger dies bezüglich des Daseins in seiner Daseinsanalyse heraus gearbeitet hat (vgl. SuZ, § 4). Sie sind, auch wenn sie sich durch Stoffaustausch mit der Umwelt selbsterhalten, also in dieser Hinsicht offene Systeme sind, operationell geschlossen. Sie können ausschließlich mit ihren

Eigenzuständen nicht aber mit systemfremden Komponenten operieren. Sie können zwar Informationen aus der Umwelt aufnehmen, Heidegger würde von »hören« sprechen,[12] doch sind sie nicht unbegrenzt beeinflussbar, (in)formierbar, instruierbar oder gehorsam. Sie können der (Ver)störung (Perturbation), dem »Anspruch« nur so weit »entsprechen« (im Heideggerschen Sprachgebrauch) wie ihre Eigenzustände es zu lassen (tolerieren). Anderenfalls werden sie nicht nur schwer gestört oder verstört, sondern zerstört.

Eine weitere Weise des Her-vor-bringens ist die Techne (TK, 5–36; GA 79, 46–67). »Techne« ist »ein Erkenntnisbegriff« und bezieht sich auf ein »Sichauskennen in dem, worauf jede Anfertigung und Herstellung gründet; das Sichauskennen in dem, wobei eine Herstellung [...] ankommen und sich beenden und vollenden muss«, ein Sichauskennen im »Telos« (Wm, 249). Die Techne ist wie die Physis eine Weise des Entbergens, aber eine, die solches entbirgt, »was sich nicht selber her-vor-bringt und noch nicht vorliegt, was deshalb bald so, bald anders aussehen und ausfallen kann« (TK, 13). Sie ist Allopoiesis. Sie hat »den Aufbruch des Her-vor-bringens nicht in sich selbst, sondern in einem anderen (en alloi) (TK, 11).

Allopoietischen Systemen geht es in ihrem Sein nicht um dieses selbst. Ihr Ziel liegt außerhalb ihrer selbst. Es geht ihnen nicht um ihre eigene Zuständlichkeit, sondern ihr Sollwert wird ihnen von außen vorgegeben. Sie sind homöostatisch und kybernetisch. Die Kybernetik 1. Ordnung befasst sich mit allopoietischen Systemen. Ihr Vorbild ist der Kybernetes, der Steuermann. Es handelt sich dabei um Steuerungssysteme (die harmlose Klimaanlage, aber auch Raketenabwehrsysteme, Luftangiffsysteme etc.).

Allopoiesis im Sinne Heidegger umfasst nicht allein »Sein und Zeit der Maschinen« oder gar das »Seinsverhältnis der Maschinen«, über das Max Bense in seinem Aufsatz »Kybernetik oder die Metatechnik einer Maschine« phantasiert (1951, 214), sondern jede Art von Technik, auch Handwerk und Kunst. So hat »die Silberschale den Aufbruch des Hervorbringens nicht in sich selbst, sondern in einem anderen (ἐν ἄλλῳ),[13] im Handwerker und Künstler« (TK., 11). Menschen sind zwar autopoietische Systeme, den es in ihrem Sein um dieses selbst geht, sie sind aber zur Allopoiesis fähig. Diese wird in die autopoietische Struktur ihres Seins integriert. Die allopoietische Struktur ist das »Wozu« innerhalb einer »Bewandtnisganzheit«, deren »primäres ›Wozu‹ [...] ein ›Worum-willen‹ [ist]. Das ›Umwillen‹ trifft aber immer das Sein des Daseins, dem es in seinem Sein um dieses Sein selbst geht.« (SuZ, 84)

Allerdings – und das ist für Heidegger »die Gefahr« schlechthin als das »Wesen des Gestells« – kann die allopoietische Struktur der Technik das autopoietische

System Mensch versklaven (im chaostheoretischen Sinn/Haken). Menschen und mit ihnen alles Seiende werden nur noch zu einem zuhandenen und vorhandenen Bestand bestellt, zum (Menschen)material, das einer Verwendung zugeführt wird. Wenn es überflüssig oder unbrauchbar (vernutzt) ist, wird es freigesetzt – was für ein Euphemismus – oder abgewickelt usw. Auch Menschen betrachten sich nicht mehr »gemäß ihren Zweck an sich selbst«, sondern stellen sich »bloß als Mittel zum beliebigen Gebrauch für diesen oder jenen Willen« bereit und zur Verfügung (vgl. Kant, KdpV, BA 64f.). Der Zweck, dem sie sich unterwerfen und der Zweckzusammenhang, in den sie gestellt sind, ist nicht nur von einem ihnen äußerlichen anderen (en alloi) bestimmt, sondern so verstellt, dass die Allopoiesis – und damit auch die Fremdbestimmung und Entfremdung (im Marxschen Sinne) – als Selbstbestimmtheit und Autonomie des Subjektes sich darstellt, während die Allopoiesis zur Pseudo-Autopoiesis sich verkehrt.

In diesem Sinne ist das Wesen (Verbalsubstantiv) der Technik nichts technisches, wie Heidegger stets betont, sondern wie Physis ein Her-vor-ans-Licht-in-die-Un-Verborgenheit-bringen, sie ist Logos, doch nicht in der Weise des Sammelns und Versammelns, sondern des Stellens, Bestellens, Nachstellens und Verstellens. Sie stellt in einen Funktionszusammenhang, der nicht mehr der eines lebenden, autopoietischen Systems ist, sondern eines nichtlebendigen, gewissermaßen »untoten« Systems, eines »Zombies«. Dieser »zapft den Lebensnerv« des autopoietischen Systems, die Autonomie, die Freiheit als den Grund, aus dem es ek-sistiert an und »saugt ihm sein Leben« als dem Wesen (Verbalsubstantiv), dem Geschehen der Physis aus. Das Sich-fügen in ein solches System ist Unfug (Adike) und im Sinne Adornos »Mimesis an das Tote«. In diesem Sinne gibt es in der Tat kein wahres Leben im Falschen, im Pseudos, nämlich in der Pseudo-Autopoiesis. Da diese sozusagen global ist, wie auch Heidegger immer wieder betont – hier trifft die Rede von der Globalisierung –, ist das Ganze, wie Adorno und Günther Anders diagnostizierten, eben nicht wie Hegel noch meinte das Wahre, sondern das Unwahre und die Lüge. (vgl. u.a. Heidegger: TK; Das Ge-stell u. Die Gefahr, in: GA 76, 25–45 u. 47–67; zu »Pseudos«: EiM, 146f.).

5 Heideggers Chaos und die Topologie des Seins

5 HEIDEGGERS CHAOS UND DIE TOPOLOGIE DES SEINS

»Chaos« im umgangssprachlichen Sinne meint Durcheinander, Unordnung. Dem entspricht in etwa der thermodynamische und informationstheoretische Begriff von Chaos als größtmögliche Entropie. Alle Mikrozustände des Makrozustandes eines geschlossenen Systems[14] sind realisiert. Informationstheoretisch beschreibt die Entropie die größtmögliche Information (potentielle Information) über die im Makrozustand enthaltenden Mikrozustände. D.h. die aktuelle Information (Information im Gegensatz zu Entropie) ist am niedrigsten. Entropie und Information verhalten sich umgekehrt proportional zu einander (vgl. von Weizsäcker, 1985, 163–173). »Chaos« beschreibt hier einen Zustand, in dem alles zugleich möglich ist.

Ein System ist ein Gefüge von Relationen. Das Gefüge der Relationen ist der Logos des Systems. Ein absolut chaotisches System ist letztlich für uns undenkbar. Ein absolut chaotisches System wäre ein System, in dem alles zugleich vorliegt, versammelt ist, in dem alle möglichen Gefüge von Relationen zugleich sind. Es wäre ein System aller Systeme, der Logos aller Logoi, der Topos aller Topoi oder wie Heidegger sagt das »Verhältnis aller Verhältnisse« oder die »Ortschaft aller Orte und Zeit-Spiel-Räume« (UzS, 215, 258). Zugleich ist der Begriff »System aller Systeme« ein unsinniger Begriff, da ein System mindestens ein Co-System als Umwelt besitzen muss. Ein absolut chaotisches System müsste ein noch absolut chaotischeres System als seine Umwelt besitzen. Denn jedes System ist weniger chaotisch als das, für ihn als Umwelt fungierende Co-System. »Logos aller Logoi«, »Topos aller Topoi« oder »Chaos« ist ein Grenzbegriff. Es ist sozusagen nur noch nennbar, aber nicht mehr beschreibbar.

»Topologie« ist für Heidegger zunächst einmal das Nennen des Ortes. Für das »Verhältnis aller Verhältnisse« oder die »Ortschaft aller Orte und Zeit-Spiel-Räume« gibt es keine mögliche Beschreibung, keine Topographie mehr. Er kann nur noch genannt, aber nicht mehr erörtert werden (vgl. UzS, 258, 37). Über Heidegger hinaus kann das »Verhältnis aller Verhältnisse« oder die »Ortschaft aller Orte und Zeit-Spiel-Räume« im Rahmen einer Nichtstandard-Topologie (NsT) im Sinne von Eisenhardt, Kurth und Stiehl (Eisenhardt/Kurth 1993, vgl. Eisenhardt/Kurth/Stiehl 1997; Kurth 1997) als »prä-geometrischer« Grundzustand des Universums verstanden werden, aus dem die Raumzeit erst emergiert:

> »Geht man [...] mit den Grundannahmen der Allgemeinen Relativitätstheorie davon aus, dass die Differentialgeometrie a) die allgemeine mathematische Struktur

> beschreibt, deren Modelle Ontologien bzw. Universen vom Typ unseres Universums sind, und b), dass es diese allgemeine Struktur gibt, d.h. dass sie mehr als ein bloßes Mittel der Beschreibung ist, dann ist die Nichtstandard Topologie als »Prägeometrie« die allgemeine mathematische Struktur des Vorzustandes solcher Ontologien bzw. Universen, also genau diejenige mathematische Struktur, aus der die Geometrie(n) solcher Universen allererst emergieren. Gerade hier tritt nun die Hauptmotivation für eine solche Frage nach einer Prägeometrie zutage: nämlich die Hauptthese der Endlichkeit des Universums. Nicht nur die Materie wäre damit nicht ewig, sondern auch die Raumzeit selbst wäre entstanden.« (1993, 22)

»Chaos« im Sinne Heideggers nennt diesen prägeometrischen Grundzustand als das »Verhältnis aller Verhältnisse« oder die »Ortschaft aller Orte und Zeit-Spiel-Räume«. Bei dieser Bestimmung des Chaos hat unbemerkt ein Perspektivenwechsel stattgefunden. Im Zentrum der Betrachtung steht nicht mehr das Seiende, welches irgendwie durcheinandergeraten ist und chaotisch herumliegt, sondern die komplexen Relationen dazwischen. Thema ist nicht mehr das Seiende, sondern das Sein. Heideggers Thema ist entsprechend nicht das Gefügte, sondern das Gefüge. »Chaos« in diesem Sinne lässt sich demnach weder informationstheoretisch noch thermodynamisch als Zustand größtmöglicher Entropie beschreiben. Entropie ist im Rahmen der Thermodynamik ein quantitatives Maß für die Wahrscheinlichkeit potentieller Zustände eines physikalischen Systems. Hohe Entropie steht für große Homogenität und geringe Strukturiertheit. In der Informationstheorie ist die Entropie ein quantitatives Maß der Wahrscheinlichkeit einer Zeichen- oder Signalfolge und kein Maß für die strukturelle Komplexität von Objekten oder Systemen.[15] Hohe Entropie zeichnet sich also auch hier durch hohe Homogenität und geringe Strukturiertheit aus. Ein absolut entropischer Zustand wäre unter beiden Gesichtspunkten ein Zustand größter Homogenität. Entropie ist in beiden Fällen eine »quantitative Bilanz- oder Potentialgröße[…] und kein Strukturmaß […]« (Kurth 1997, 277; vgl. Eisenhardt/Kurth/Stiehl 1997, 269).[16]

»Chaos« im Sinne Heideggers meint das »Verhältnis aller Verhältnisse« als das Gefüge aller Gefüge, das Seyn also das Sein selbst (vgl. Hum, 23ff.). »Seyn« beschreibt den prägeometrischen Grundzustand. »Chaos« als das Sein selbst nennt also nicht die einfache ontologische Differenz zwischen Sein und Seiendem. Es nennt die Differenz aller Differenzen, den »Unter-Schied«, ohne den kein Unterschied einen Unterschied machen würde. In diesem Sinne sind Seyn und Nichts dasselbe (vgl. u.a. WiM; GA. 51). Es ist der Grundzustand, der Ab-Grund als der Ur-Sprung allen Seins.

Der »Unter-Schied« ist für Heidegger »die Dimension«, er ist »im höchsten Fall Dimension« (UzS, 25). Sie ist, wie Merleau-Ponty schreibt, der sich auf Heidegger bezieht, die Dimension »einer universalen Dimensionalität [...], die das Sein ist« (SU, 333, vgl. 279, 315; AG, 33; Heidegger: VA, 189, 192; UzS, 13, 24ff.). Das Seyn, der Unter-Schied ist selbst zerklüftet, zersprungen. Das Seyn selbst ist fraktal und als solches nicht eines, sondern ein »Vieles«, ein »plurale tantum«.[17]

Es umfasst als Unter-Schied alle Unterschiede, die einen Unterschied machen. Es ist nicht allein maßstabs- oder skalenunabhängig selbstähnlich wie das Sein des Seienden, sondern es ist die Möglichkeit, der Bedingung der Möglichkeit jeden Maßes und jeder Maßnahme. Insofern jedes Maß ein Verhältnis ausmisst, eröffnet das »Verhältnis aller Verhältnisse« erst die Möglichkeit der Möglichkeit Maß zu nehmen. In diesem Sinne gibt es auf Erden kein Maß, nämlich keines, das die Dimension des Unter-Schieds, das Seyn, das Nichts als den (Ab)grund allen Seins des Seienden, den prägeometrischen Vorzustand oder Grundzustand auszumessen und auszuloten vermag (vgl. VA, 181–198). Es ist als das Maß- und Grenzenlose (Apeiron) der Ur-Sprung (Arche), das, was allem Maß und Grenze, Sein und Zeit zuweist (vgl. GA 51, § 22ff.). Bezug nehmend auf Wheeler schreiben Eisenhardt und Kurth in einer Art negativer Ontologie:

> »Wir wissen nun genau, welche Eigenschaften eine Prägeometrie auf keinen Fall haben darf, sie darf kein Kontinuum sein und keine Metrik haben oder voraussetzten.» (1993, 23)

Kurth beschreibt die Initialemergenz als Brechung (»Branching«) der Zusammenhangsstruktur des Grundzustandes bzw. Quantengrundzustandes (1997, 269ff.). Die Zusammenhangsstruktur zerbricht oder zerspringt. Das Seyn als der Grundzustand allen Seins ist im Ur-Sprung fraktal, zerklüftet. Nach Eisenhardt und Kurth (1993, 59ff.) ist der Nichtstandard-Zusammenhang der NsT und damit auch der der Prägeometrie ein »gebrochener Zusammenhang«. Die NsT weist Selbstähnlichkeiten auf, die allerdings unordentlicher oder bizarrer sind, vor allem auf Grund der Durchdringungseigenschaften der nichtstandard-topologischen Figuren, als »die Selbstähnlichkeit von Gebilden der fraktalen Geometrie« (vgl. ebd., 46).

> »In beiden Fallen drückt diese Selbstähnlichkeit bzw. diese Möglichkeit der beliebigen Partition nichts anderes aus als die Gebrochenheit der entscheidenden

> Invariante, im Falle der NsT also den gebrochenen Zusammenhang der Figuren der NsT.« (Ebd., 60)

Den gebrochenen Zusammenhang der Figuren der NsT bezeichnen Eisenhardt und Kurth in Analogie zur den Fraktalen der fraktalen Geometrie als »fraktgen« (ebd.).

Mag sein, dass Heidegger in der NsT bloß das »Gestell« seiner Topologie des Seins gesehen hätte, letztlich lässt sich aber mit ihr Heideggers »Zerklüftung des Seyns«, als den fraktgenen, aber a-zeitlichen und a-metrischen Grundzustand, wenn auch auf einer sehr abstrakten Ebene, plausibel machen. Der »Unter-Schied« als das »Verhältnis aller Verhältnisse« oder der »Ortschaft aller Orte und Zeit-Spielräume« ist als das Seyn die Kluft oder das Klaffende selbst, das Chaos als den (Ab)grund(zustand) aus dem (im Anfang) alles sich stets schon ereignet haben wird und der alles umgreift. Er ist wie der Gott des Nikolaus von Kues, Mittelpunkt und Umfang der Welt (vgl. De docta ignorantia, 1 II, cap. 11, 87).

Das griechische Wort »Chaos« bedeutet soviel wie gähnende, unbegrenzte Leere, das Klaffende, der Schlund, klaffender Abgrund. Heidegger schreibt:

> »Doch χαός bedeutet zuerst das Gähnende, die klaffende Kluft, das zuvor sich öffnende Offene, worin alles eingeschlungen ist. Die Kluft versagt jeden Anhalt für ein Unterschiedenes und Gegründetes. Und deshalb scheint das Chaos für alle Erfahrung, die nur das Mittelbare kennt, das Unterschiedslose und somit das bloß Wirre zu sein. Das in solchem Sinne ›Chaotische‹ ist jedoch nur das Unwesen dessen, was ›Chaos‹ meint. Von der ›Natur‹ (φύσις) her gedacht, bleibt das Chaos jenes Aufklaffen, aus dem das Offene sich öffnet, damit es jedem Unterschiedenen seine umgrenzte Anwesung gewähre. Deshalb nennt Hölderlin das ›Chaos‹ und die ›Wirrnis‹ ›heilig‹. Das Chaos ist das Heilige selbst. Kein Wirkliches geht dieser Aufklaffung vorher, sondern geht nur in sie ein.« (EHD, 61f.)

Dieses Chaos ähnelt der platonischen Chora. Die Chora ist »allen Werdens Aufnahme wie eine Amme« (Timaios, 49 a, vgl. 52 d).[18] Sie ist das ganz Andere zu dem Besonderen, dem Seienden (Erde, Feuer, Wasser, Luft), sie ist das, was allem eine Stätte und ein Sosein gewährt (vgl. 48 a–53 c). »Chora« bedeutet freier Raum, Zwischenraum, Platz, aber auch »Bedingung der Möglichkeit«. Saltzer bemerkt zudem, dass der »Stamm fast synonym mit ›Bewegung‹ (χωρέω/choreo) und ›Positionierung‹ « ist (1997, Anm. 8, 323). Heidegger vermutet:

»Könnte Chora nicht bedeuten: das Sichabsondernde von jedem Besonderen, das Ausweichende, das auf solche Weise gerade anderes zuläßt und ihnen ›Platz‹ macht.« (EiM, 51; vgl. UzS 37)[19]

Platon vermittelt das Bild eines dynamischen, bewegten und von Kräften (Dynameis) durchherrschten Chaos als einem prägeometrischen »Prae-Raum« (Saltzer 1997, 229), der den Gattungen (γένος/genos als ein »nicht festlegender Allgemeinbegriff« nicht στοιχείον/stoicheion als »konstitutives Element, Baustein« (ebd., Anm. 11)), einen Ort (ἕδραν/edran) ermöglicht, noch vor der Zusammenfügung und Entstehung des Kosmos. Doch alles war noch ohne Proportion und Maß (vgl. Timaios 52d–53b). Selbst nach der »geometrischen Neuschaffung der Elemente« wird die Chora, die »praekosmische Mutter« und »Amme des Werdens« nicht wirklich entmachtet, sondern »ist«, wie Saltzer ausführt, »die Platzanweiserin für die körperlichen Elemente in ihrem kontinuierlichen Verwandlungsspiel geworden, eine Ordnungsgröße, ein sensorielles Prinzip mit Einflußnahme auf alles Neukörperliche, das nur durch Plazierung [Heideggers Topologie als Nennen der Orte und Verortung des Seins] klassifiziert, wenn [auch] nicht wahrgenommen werden kann.« (Saltzer 1997, 246; vgl. Timaios 57b–c)
Die Chora oder das Chaos ist der Ur-Sprung, die Kluft oder der Unter-Schied selbst als der Anfang, *in* dem der Logos sich als fraktgener, prägeometrischer, maßloser sich ereignet im Zerspringen oder der »Zerklüftung des Seyns«.

6 Das Chaos und seine Topoi und der Logos und seine Logoi

6 DAS CHAOS UND SEINE TOPOI UND DER LOGOS UND SEINE LOGOI

Das Chaos als Ur-Sprung als prägeometrischer und fraktgener (Ab)grund des Seins allem Seienden erscheint uns vom eben dem Seienden aus betrachtet – wir haben keinen anderen Ort von dem aus wir betrachten könnten – als absolutes Nichts. Wie heißt es doch so schön: Es ist Nichts und wieder Nichts. Noch die Doppelung im hebräischen »tohu wawohu«, meist übersetzt mit »wüst und leer«, nennt dieses Nichts-und-wieder-Nichts, aus der heraus Gott schafft, indem er trennt, differenziert und so Komplexität reduziert.[20] Es entstehen Systeme und Subsysteme, die sich von einander abgrenzen und für einander Umwelten bilden. Heideggers »Ortschaft aller Orte und Zeit-Spiel-Räume« zerspringt in diverse Orte und Zeit-Spiel-Räume, in diverse Topoi, sein »Verhältnis aller Verhältnisse« in viele Verhältnisse, in viele Logoi. »Chaos« als das »Verhältnis aller Verhältnisse« (Seyn) nennt den Zustand größtmöglicher Komplexität. Differenzierung in Systeme und Subsysteme schafft ein »Komplexitätsgefälle« (Luhmann 1984, 250). Die Systemtheorie spricht davon, dass ein sich abgrenzendes System weniger komplex ist als das System, das seine Umwelt bildet. Doch Vorsicht, der Komplexitätsbegriff der Systemtheorie ist nicht identisch mit dem oben als Strukturmaß beschriebenen. In der Systemtheorie wird gewöhnlich »Komplexität« in einem informationstheoretischen Sinne verstanden. Um ein Komplexitätsgefälle im Rahmen der Systemtheorie zu charakterisieren genügt es drei Unterscheidungen einzuführen:

- Das absolute Chaos oder die absolute Entropie und Komplexität. Luhmann bezeichnet dies als die »Gesamtheit der möglichen Ereignisse« und als »Bezugseinheit, die keine Grenzen mehr hat« (1970, 115).[21] Von ihr muss jedes System sich abgrenzen. Auch für Luhmann bezeichnet der »Begriff der Komplexität [...] stets eine Relation [...] nie einen Seinszustand« (ebd.).
- Die systemrelative Umwelt. Sie ist komplexer als das entsprechende System, aber weniger Komplex (chaotisch) als das allumfassende absolute Chaos.
- Das System mit seiner Systemkomplexität, die geringer, also weniger chaotisch ist als die der Umwelt.

»Entropie« wurde oben als Bilanz- und Potentialgröße beschrieben. Entsprechend hält das Chaos im Luhmanschen Sinne die Möglichkeitsbedingungen für ein sich ausdifferenzierendes System vor, welches dann eben weniger komplex/entropisch ist. Gleichwohl kann das System nicht über seine immanente Komplexität/Entropie/Möglichkeitsbedingungen verfügen. Sie sind ihm stets transzendental. Sie ermöglichen erst die Einheit des Systems und damit das System selbst. Die Umwelt ist in diesem Sinne komplexer/entropischer als das sich ausdifferenzierende System. Sie ist gleichwohl immer schon (vor)geordnet. Insofern ist das absolute Chaos in seiner absoluten Komplexität/Entropie und Unendlichkeit ein Undenkbares. Es ist ein Grenzbegriff. Auch Heidegger kann diese Ortschaft nur noch nennen.

Das voneinander Abgrenzen von Systemen reduziert zwar Komplexität/Entropie, also die Möglichkeitsbedingungen. Das sich abgrenzende System ist weniger komplex als das System, das jetzt seine Umwelt bildet. Das System verwirklicht weniger Möglichkeiten als das Co-System, sonst würde sich der Unterschied zur Umwelt aufheben. Zugleich schafft die innere Ausdifferenzierung aber wieder Komplexität (hier als Strukturmaß zu verstehen). Innere Ausdifferenzierung bedeutet nicht Trennung und Komplexitätsreduktion, sondern die Entwicklung von Strukturen und womöglich auch mehr oder weniger autonomen Subsystemen. Was hier entsteht ist strukturelle Komplexität und die läßt sich sowenig durch die mittlere Entropie einer Zeichen- bzw. Signalfolge messen wie die Semantik eines Textes oder einer Botschaft.

Es ist nicht nur so, dass es den mittleren Informationsgehalt eines natürlichen Systems – und nur solche sind hier interessant – nicht gibt, natürliche Systeme sind keine digitalen Objekte, wahrscheinlich lassen sie sich auch nicht auf solche reduzieren, wie Kurth (1997, 285) vermutet. Als Beispiel nennt er die »reduktionistischen Illusionen von Molekulargenetikern«, die Organismen gern auf den »Informationsgehalt des Genoms« reduzieren können möchten (ebd.).[22] Kurth bezeichnet die, wie er schreibt »systematische Vermischung epistemischer (beschreibungsabhängiger) und ontischer (objektgebundener) Eigenschaften« von Forschungsgegenständen »das schmutzige, kleine Geheimnis der Komplexitätstheorie« (ebd.). Das ist sicher richtig. Doch sind natürliche und lebende Systeme, zumal informationsverarbeitende Systeme, autopoietisch und operationell geschlossen. Hier macht der von Luhmann verwendete informationstheoretische Komplexitätsbegriff durchaus Sinn. Auf »Komplexität« als Strukturmaß werde ich weiter unten eingehen und dann von »struktureller Komplexität« oder auch von »Kompliziertheit« sprechen. Hier geht es zunächst um Komplexität als Möglichkeitsbedingungen. Unterschieden wird zwischen der systemrelativen Außenkomplexität der Umwelt und der Binnenkomplexität des Systems.

Das System entspricht im Heideggerschen Sinne dem Anspruch der Umwelt, doch sozusagen nicht in allen Punkten. Wie es ihr entspricht, was das System gewissermaßen versteht und in seine Sprache (Logos) übersetzt, hängt von den immanenten Bedingungen oder »immanenten Beschränkungen« des Systems, seinen Möglichkeitsbedingungen, seiner »Binnenkomplexität« oder seines immanenten Logos ab. Über diese Strukturen kann es nicht frei verfügen, insofern es selbst ein Moment des Gefüges und in seine Her-vor-bringung involviert ist (vgl. u.a. Luhmann 1984, 46f.). Es ist sich selbst niemals vollständig transparent. Für ein selbstreferentielles System gibt es daher auch »keine Umwelt ›an sich‹ «. Es »erkennt« nur soviel von ihr, hat nur soviel »Umweltkontakt«, wie »es sich selbst ermöglicht« (vgl. ebd., 146), auch wenn es um die Möglichkeitsbedingungen nicht weiß. Was es »erkennt« sind Verhältnisse, Proportionen, Bezüge, Unterschiede, die Unterschiede machen, also nichts, zumindest nichts Seiendes.

Das Luhmannsche Komplexitätsgefälle als ein Gefälle der Möglichkeitsbedingungen lässt sich in, wie oben dargestellt, grob schematisch in drei »Verfallsstufen« unterscheiden: 1. absolutes Chaos, 2. systemrelative Umwelt, 3. das System. Diese drei Stufen können auf unterschiedlichen Strukturebenen unseres Denkens und in Bezug auf unterschiedliche Phänomene thematisiert werden. Im wesentlichen lassen sich zwei Strukturebenen unseres Denkens unterscheiden, die systematische und die selbstreferentielle (vgl. Nunold, 2003, 142f.). Auf der systematischen Ebene beschreiben wir die Phänomene aus der Perspektive eines vermeintlich unbeteiligten, externen Beobachters (Beobachtung 1. Ordnung). Der Einfluss (Störung/Perturbation) des Beobachters auf das beobachtete System oder beobachteten Systeme bleibt dabei im einfachsten Fall unberücksichtigt, ebenso wie die immanenten Bedingungen des beobachtenden Systems als die Bedingungen seiner Erkenntnismöglichkeiten (Kant).

Die Thematisierung der Bedingungen der Möglichkeit von Erkenntnis wie Kant es in seiner »Kritik der reinen Vernunft« unternimmt, wäre eine selbstreferentielle Beschreibung auf der systematischen Ebene, die unthematisiert lässt, dass das, was wir als Bedingungen der Erkenntnis erkennen, wir nur auf Grund unserer Erkenntnismöglichkeiten erkennen usw. Bei Kant handelt es sich bereits um eine Beobachtung der Beobachtung des Beobachters (Trennung von Objekt- und Metaebene), also um eine Beobachtung 2. Ordnung (Kybernetik zweiter Ordnung/Luhmann u. von Foerster). Die Quellen der Unsicherheit nehmen zu. Es gibt das, was beobachtet wird, wo Unterscheidungen getroffen werden sollen, und dann die »Unmöglichkeit die Unterscheidung zu unterscheiden, mit der man unterscheidet« als »Grundbedingung des Erkennens schlechthin« (Luhmann 1970, 5, 57).

Eine selbstreferentielle Weise des Denkens auf der selbstreferentiellen Ebene unseres Denkens ist der Kunst und der Poesie vorbehalten. Heideggers besinnliches Denken oder Andenken an das Sein bewegt sich als Grenzgang am Rande dessen, was auf der selbstreferentiellen Ebene des Denkens systematisch in den Blick kommen kann. Daher bewegt sich sein Denken und Sprechen häufig auf der Schwelle entlang der Poesie, allerdings ohne je in sie überzugehen.[23] Er unternimmt die gewaltige Anstrengung, das Medium des Denkens und Sprechens, nämlich die Sprache, nicht nur zu thematisieren und etwa Sprachspiele zu untersuchen, auch nicht allein zu thematisieren, dass wir immer schon Sprechen, wenn wir über die Sprache sprechen usw., sondern sein Sprechen in die Sprache als Versammlungsort des Seins (Logos) zurückzustellen und so »die Sprache als die Sprache zur Sprache zu bringen« (vgl. UzS, 242). Dies aber systematisch, sonst würde sein Sprechen in Poesie übergegangen sein – daher auch seine Hinwendung zur Dichtung. »Zur Sprache bringen« heißt ein doppeltes: zum Sprechen bringen und zu thematisieren, also wiederum zu sprechen.[24]

Sprechen ist Logos, ein ins Verhältnis setzen und »bleibt stets im Verhältnisartigen« (Heidegger, UzS, 267) als ein (Ver)sammeln und Beisammen-vor-liegen-lassen. Die Sprache aber ist dieses Verhältnis selbst, ist der Versammlungsort, der den Zusammenhalt stiftet. Sprache ist ein Topos ein Ort mit einer eigenen Topologie – vielleicht sogar einer NsT. Im Logos der Sprache (des Topos Sprache) wiederholt sich der Ur-Sprung des Seins. Wieder(ge)holt kann nur das Einmalige werden (vgl. GA 65, 55). Aber dieses Einmalige ist nicht Eines, wenn auch als zusammengehöriges einig und untereinander vereinbar, doch (noch) nicht vereinigt. Hier wächst nichts zusammen, was zusammengehört, denn der »Riss« heilt nicht. Er trennt, unterscheidet. Er ist die Dimension des Unter-Schieds, ohne den es keine Unterscheidung gäbe. Zugleich ist er Grundriss, Aufriss und Umriss (Hw, 51, 52). Er ist trennend und verbindend, differenzierend und zusammenfügend. Der Riss schmerzt und als Schmerz oder Schmerzender ist er »das Fügende im scheidend-sammelnden Reißen« (UzS, 27), die »Zusammenhangsstruktur« – wir sind wieder bei der Strukturkomplexität angelangt . Der Riss ist selbst eine Weise des Logos und ein Fragment oder Fraktal aus dem Ereignis des unvordenklichen Ur-Sprungs, in sich zersprungen, zerrissen, (aus)differenziert, fatal fraktal, bzw. fraktgen. So handelt es sich stets um dasselbe, doch nie um das gleiche.[25]

Heidegger schreibt, sich auf Hölderlin beziehend:

> »Das selbe deckt sich nie mit dem gleichen, auch nicht mit dem leeren Einerlei des bloß Identischen. Das gleiche verlegt sich stets auf das Unterschiedslose, damit alles übereinkomme. Das selbe ist dagegen das Zusammengehören des Verschiedenen aus der Versammlung (Logos/B.N.) durch den Unterschied. Das Selbe lässt sich nur sagen, wenn der Unterschied gedacht wird. [...] Das selbe versammelt das Unterschiedene in eine ursprüngliche Einigkeit. Das gleiche hingegen zerstreut in die fade Einheit des nur einförmig Einen. [...] Er (Hölderlin/sc.) sagt in einem Epigramm, das die Überschrift trägt: ›Wurzel alles Übels‹ das folgende:›Einig zu sein, ist göttlich und gut; woher ist die Sucht denn | Unter den Menschen, dass nur einer und eines nur sei?‹« (Stuttg. Ausg. I, 305/VA, 187)

Wenn jede historische Sprache Versammlungsort, ein logischer Ort/Topos des Seins ist, und eine Wieder-holung des Ur-Sprungs, so kann er in jeder Sprache aufgesucht und erneut zur Sprache gebracht werden. In diesem Sinne ist die Topologie des Seins ein zur Sprache bringen der Orte, Topoi des Seins. Topoi sind aber auch die je geschichtlichen Grundbegriffe oder Leitworte des Denkens (vgl. Kettering 1987, 220ff.; Pöggeler 1960; 1962; 1963, 280ff.; 1970; 1972, 71–104). Den Unterschied seines Denkens etwa zur Systemtheorie und des Konstruktivismus, welches die systematische Strukturebene des Denkens nicht verlässt, auch wenn es sich um eine Kybernetik 2. Ordnung handelt, möchte ich an folgendem Beispiel erläutern:
Luhmann unterscheidet drei autopoietische, operationell unabhängige, gleichwohl strukturell gekoppelte und für einander Umwelten bildenden Systeme (vgl. 1988a; 1988b): Leben, Bewusstsein (psychisches System), Kommunikation. Dem scheinen folgende Begriffe Heideggers analog zu sein: Physis, Dasein, Sprache. Allerdings handelt es sich dabei um eine Thematisierung auf verschiedenen Ebenen des Denkens. Für Luhmann sind Leben, Bewusstsein, Kommunikation autopoietische Systeme, keine sprachlichen Topoi. »Physis« ist für Heidegger ein Grund- oder Leitwort und zugleich ein (logischer) Ort ein, Topos im doppelten Sinne für Sein als Autopoiesis, ebenso wie, um nur einige zu nennen: »Energeia«, »Idea«, »Aletheia«, »En« (Sein) und nicht zuletzt »Logos«.
Sprache ist für Heidegger Logos als Ver-sammlungsort, ein Topos, der in sich alles versammelt, was selbst ein (Ver)sammeln und in sich verhältnishaft ist. Sie ist ebenfalls ein »Verhältnis aller Verhältnisse« und »die Ortschaft aller Orte und Zeit-Spiel-Räume«. In diesem Sinne ist sie auch »Chaos« und »Chora«, die allem Sein eine Stätte, einen (logischen) Ort gewährt, ihm Topoi im doppelten Sinne einräumt und ist zugleich selbst ein Topos, ein Leitwort.

»Dasein« ist sicher Heideggers Wort mit dem er den Begriff »Bewusstsein« ersetzt. »Dasein« ist ein Grundwort, ein Topos in »Sein und Zeit«. Seine Daseinsanalyse bewegt sich noch auf der systematischen Strukturebene des Denkens und insofern ist der Begriff »Dasein« dem Begriff »Bewusstsein« im Sinne Luhmann analog. Wenn er die Räumlichkeit des Daseins und sein »In-der-Welt-sein« und die Offenheit des Daseins für sich selbst und für andere und anderes, sein Seinsverhältnis thematisiert und damit das Da des Daseins, seine Erschlossenheit als Ort (Topos) der Lichtung des Seins denkt, dann verlässt er die Ebene der Beobachtung 2. Ordnung noch nicht. Erst mit dem Denken der »Kehre« und des »Gevierts« verlässt er diese Ebene. Doch dazu komme ich weiter unten.

Heideggers Topologie des Seins, die zugleich eine »Topologie des Menschenwesens« (Kettering, 1987), des Daseins ist, ist der Versuch, die Zirkularität des Seins, seine Rückbezüglichkeit zu denken. Rückbezüglichkeit meint sowohl Rückzug in sich selbst oder Entzug, das »A« in der A-letheia oder die »ἐποχή [epoche] des Seins« (Hw, 311) als auch auf sich selbst zurückbezogen sein. Das Sein selbst ist der Ur-Sprung (Arche), das Chaos oder die Chora, die Kluft und ist in sich selbst zurückgezogen. »Arche« meint Anfang und Herrschaft. Heidegger übersetzt »Arche« als »ausgängliche Verfügung und verfügenden Ausgang« (Wm, 317). Das Sein als Ur-Sprung ist zugleich Herrschaft (vgl. BPh, § 159) und in diesem Sinne Schicksal, Verhängnis, Fatum, insofern in ihr als der Kluft, des Unter-Schieds oder des »Verhältnisses aller Verhältnisse« oder »die Ortschaft aller Orte und Zeit-Spiel-Räume« jede Form von Verfügung und Zusammenfügung zu einem Gefüge, zu Verhältnissen jeder Art seinen Ausgang nimmt, und in die sich am Ende oder im Ausgang alles wieder fügt oder gefügt haben wird. Dies jedoch nicht so, dass es mit allem Sein dann sein Ende nimmt, sondern so, dass ein neuer Anfang oder Ur-Sprung verfügt wird, in dem sich der vorherige oder erste Anfang einfügt und in diesem Sinne aufgehoben sein wird.

Heideggers Topologie des Seins ist eine Emergenztheorie des Seins. Die Arche als die »Kluft ist das Sein in seiner Zuruckgebogenheit« (BPh, 281), die den »Sprung« in einen anderen Anfang des Logos des (Ver)sammelns und Zusammenfügens von Zusammenhangsstrukturen erst verfügt und so eine neue Kluft, ein anderes Chaos, eine weitere Chora in und durch ihren Rückzug eröffnet. Die Initialemergenz kann als Brechung (Branching) der Zusammenhangsstruktur des Grundzustandes bzw. Quantengrundzustandes (Kurth 1997, 269ff.) beschrieben werden. Der Übergang vom prägeometrischen Grundzustand, Heideggers des »Verhältnisses aller Verhältnisse« und

»Ortschaft aller Orte und Zeit-Spiel-Räume«, zu einer Geometrie bzw. zu einem Zeit-Spiel-Raum »kann als eine Art ›Strukturanreicherung‹ gefasst werden« (Eisenhardt, Kurth 1993, 33).
Eisenhardt, Kurth und Stiehl hatten verschiedentlich deutlich gemacht, dass Emergenz als »Antimorphismus« oder »antimorphe Abbildung« beschrieben werden kann (Eisenhardt/Kurth 1993, Eisenhardt/Kurth/Stiehl 1997, 253ff., Kurth 1997). Emergenz wird durch eine nicht-homöomorphe also nicht-strukturerhaltende Abbildung dargestellt. Die Zusammenhangsstruktur (das topologische Geschlecht) der untersuchten Objekte oder Systeme verändert sich im Übergang von einem Vor- zu einem Nachzustand. Die Zusammenhangsstruktur wird gebrochen, wird fraktgen. Eine Theorie wie Heideggers Topologie des Seins, die das Her-vorgehen neuer Seinszustände aus den Gemeinsamkeiten aller Übergänge (Sprünge) von einem Seinszustand in einen anderen beschreibt, ungeachtet aller möglichen Unterschiede dieser Prozesse – es handelt sich stets um dasselbe, nie aber um das gleiche Geschehen –, kann als eine Emergenztheorie des Seins bezeichnet werden. (vgl. Eisenhardt/-Kurth/Stiehl 1997, 259). Sprach Luhmann bei seiner Unterscheidung zwischen System und Umwelt etc. von einem »Komplexitätsgefälle«, beschreibt Emergenz stets eine Zunahme von Komplexität, von im weitesten Sinne struktureller Komplexität oder gar Kompliziertheit. Die Zunahme der Komplexität muß nicht unbedingt mit einer Zunahme an Kompliziertheit einhergehen. Es scheint an der Zeit eine Unterscheidung einzuführen:

- Komplizierte Systeme bestehen stets aus einer Vielzahl an unterschiedlichen Elementen, Strukturen, Modulen oder Subsystemen, die ebenfalls wieder operationell geschlossen sein können.
- Die Kompliziertheit natürlicher komplexer Systeme ist das Ergebnis »internalisierter Emergenz«, also ihrer Entwicklungsgeschichte. Sie zeichnen sich aus durch eine innere »Stratifikation«.
- Im engeren Sinne komplexe Systeme bestehen aus einer Vielzahl gleichartiger Elemente, Strukturen und Relationen. Komplexe Systeme müssen also nicht kompliziert sein, während komplizierte Systeme einen gewissen Grad an Komplexität voraussetzen. (Vgl. Eisenhardt/Kurth/Stiehl 1997, 271, 274; Kurth 1997, 280)

Besser in diesem Zusammenhang ist vermutlich der von Kurth eingeführte Begriff der »topologischen Komplexität« oder »topologischen Kompliziertheit« (1997, 274, 288ff.).

Mit der Zunahme der topologischen Komplexität wird ein neuer Seinszustand, -level, -strata oder eine neue Seinsschicht erreicht. »Komplexität« bezieht sich hier auf Merkmale, »die der spezifischen Beschaffenheit der Seinsschicht bzw. dem Medium der Komplexität, in dem diese realisiert ist, gegenüber invariant sind«. Der Komplexitätsbegriff »muß also eine Bedingung der ›translevel universality‹ erfüllen«. So können »unterschiedliche Phänomenklassen [...] *ohne* Zurückführung auf eine *gemeinsame physikalische Tiefenstruktur*« einheitlich beschrieben werden. Es handelt sich sozusagen um eine »Breitenvereinheitlichung«, nicht um eine »Tiefenvereinheitlichung« (ebd., 274–276),[26] um dasselbe, nicht um das Gleiche.

In Heideggers Topologie des Seins erfüllt sein Begriff des »Logos« die Bedingung der translevel universality. Emergenz bedeutet dann eine Zunahme des Logos. Das bedeutet nicht, dass der neue Seinszustand (Logos) logischer ist als der Vorzustand. Der immanente Zusammenhang, die immanenten Strukturen, ihre Relationalität, die Verhältnishaftigkeit wird komplexer oder auch komplizierter. Heideggers Seinstopologie lässt sich insofern parallel setzten, *ohne* eine Identität behaupten zu wollen, etwa zu den Levels oder Strata, die für Kurth die »Medien der Komplexität bilden« und auf die er sich mit seiner »Bedingung der translevel universality« bezieht (Tafel 1). Er gibt sie in aufsteigender Reihenfolge und ohne Anspruch auf Vollständigkeit an (1997, 275).

Die Strata sind nicht vollständig unabhängig voneinander, sondern überschneiden, durchdringen oder bedingen sich gegenseitig. Es geht mir jetzt nicht darum zu zeigen, dass Heideggers Seinstopologie letztlich eine Schichtenontologie ist und eine Hierarchie von Existenzstufen behauptet, wie Stephan dies als ein Merkmal emergentistischer Theorien ausgemacht hat (1999, 23ff.). Heidegger ging es nicht um eine Hierarchie des Seins, an dessen Spitze womöglich das Dasein steht, das Denken, die Sprache oder was auch immer, sondern um Zusammengehörigkeit (vgl. etwa ID) und nicht zuletzt um Abhängigkeit oder Bedingtheit.[27]

Wenn es Heidegger überhaupt um eine Stellung des Menschen oder des Daseins im Kosmos oder im Sein geht, dann um eine Zurückstellung. Er fragt: »Woher die Aufstufung [des Seyns]?« Und führt die Stufenontologie bis auf Platons »Idea« zurück, er verweist auf Platons »Staat« und »Stufen des ›Seienden‹ bzw. Un-seienden zum Seienden bis zum ὄντως ὄν«. Er nennt die »neuplatonische Stufung« und die »*christliche* Theologie« mit ihrem »ens creatum« und ihrer »analogia entis« (BPh, 273). Heidegger bemerkt hierzu:

»Überall, wo ein summum ens. Leibniz: Schlafende Monaden ↔ Centralmonade. Alles in einer neuplatonischen Form der Systematik im deutschen Idealismus. Inwiefern dies alles auf Platon zurückgeht und Platonismus ist, immer nur *Stufen des Seienden* als verschiedene Erfüllungen der höchsten Seiendheit.« (BPh, 274 [Hervorhebung durch die Verfasserin])

Im Hintergrund steht wieder Heideggers immerwährendes Lamento, dass es der Metaphysik bisher ausschließlich um das Seiende, nicht aber um das Sein, geschweige denn das Seyn ging. Was hier aufklafft – wieder eine Zerklüftung – ist die ontologische Differenz von Seyn, Sein und Seiendem. Und Heidegger fragt sich, ob es vom Seyn als Ereignis ausgedacht überhaupt Stufen des Seyns gibt (vgl. ebd.). Er resümiert:

»Jede Vorstellungsmäßige und rechnende Ordnung ist hier äußerlich [...].« (Ebd.)

Aber das war ja auch nicht anders zu erwarten. Wenn ich trotzdem von Stufen oder Strata etc. spreche, dann wissend um diese Äußerlichkeit, gleichwohl mit Heideggers »Segen« und seiner Warnung eingedenk:

»Bleibt aber nicht trotzdem ein Weg, mindestens vorläufig, nach Art von ›Ontologien‹ der verschiedenen ›Bereiche‹ (Natur, Geschichte) einen Gesichtskreis des seinsmäßigen Entwurfs zu schaffen und so die Bereiche neu erfahrbar? Als Übergang kann dergleichen nötig werden; es bleibt jedoch verfänglich, sofern von da leicht das Ausgleiten in eine Systematik früheren Stils sich nahelegt.« (Ebd.)

Alles Denken und Fühlen ist im doppelten Sinne vor-läufig, dies sollte wahrlich nie vergessen werden. Zurück also zu Heideggers »seinstopologischen Strata«, so vor-läufig diese von mir auch gedacht sein mögen. Im Sinne Heideggers ist es vermutlich besser von »Topoi« statt von »Strata« zu sprechen, evoziert der Begriff »Topoi« doch keine Vorstellung einer hierarchischen Stufenfolge. Diese Topoi gehören in eine gebrochene oder auch zerbrochene Zusammenhangsstruktur in das Diskontinuum des Seyns. In diesem Sinne ist Heideggers Topologie eine Nichtstandard-Topologie, wenn vielleicht auch nicht in dem strengen von Eisenhardt, Kurth und Stiehl verwendeten Sinne.
Insofern alles Sein im Anfang (Arche), im Ur-Sprung als dem Ereignis steht, als welchen das Seyn geschieht (vgl. BPh., 260) – Heidegger würde »west« sagen –, und so auch in seinem Herrschaftsbereich gehört (Arche als Anfang und Herrschaft), ist die Topologie des Seins in diesem Sinne nicht bloß eine

STRATA DER KOMPLEXITÄT NACH KURTH: MEDIEN DER KOMPLEXITÄT (NATUR)	SEINSTOPOLOGISCHE STRATA: MEDIEN/TOPOI DES LOGOS (PHYSIS)
1. der Quantengrundzustand des Universums	Seyn (das Sein selbst)
2. die Ebene oder das Stratum der fundamentalen Wechselwirkungen bzw. der sog. Elementarteilchen	Sein des Seins (das Seyn in seiner Zerklüftung)
3. die Strata genidischer bzw. mereologischer beschreibbarer Objekte, also physikalischer Objekte (Atome), physikochemischer Objekte und biochemischer Objekte (Moleküle), biologischer Objekte (Organismen) und verschiedenen Ensembles und Konglomerate solcher Objekte	Sein des Seienden
4. die Strata psychischer und mentaler Zustände	Dasein
5. die Strata semiotisch codierter Information, auf denen der durch Genidentität bestimmte Objektbegriff durch den durch Musteridentität bestimmten Begriff des strukturisomorphen Informationsmodells abgelöst wird.	Sprache

Tafel 1: Strata der Komplexität und seinstopologische Strata

Emergenztheorie, sondern zugleich eine Archäologie des Seins, ein Sagen und »ausgraben«, offenlegen oder entbergen des sich stets wiederholenden Ur-Sprungs als der Arche, des Herrschaftsbereichs des Seyns.

7 Das Geviert und die Attraktionen im Phasenraum: Eine Topologie des Daseins als Philosophie des Geistes

7 DAS GEVIERT UND DIE ATTRAKTIONEN IM PHASENRAUM: EINE TOPOLOGIE DES DASEINS ALS PHILOSOPHIE DES GEISTES

Mit dem Denken des Gevierts verlässt Heidegger die systematische Ebene der Beobachtung 2. Ordnung und springt sozusagen auf eine andere, ich will nicht sagen höhere Ebene des Denkens, auf die selbstreferentielle Ebene. Heideggers Denken nach der »Kehre« bewegt sich auf dieser Ebene. Es handelt sich allerdings um ein systematisches Denken auf der selbstreferentiellen Strukturebene des Denkens, sozusagen um ein selbstreferentielles Denken 1. Ordnung.[28] Es wird mir allerdings nichts anderes übrigbleiben als mich um eine systematische Darstellung dessen zu bemühen, was Heidegger unter »Geviert« versteht.

»Erschlossenheit« bzw. »Da« sind die Grundbegriffe in »Sein und Zeit«, die Heidegger an Stelle des traditionellen Begriffs des Bewusstseins setzt. Bewusstsein wird sozusagen in der Erschlossenheit verortet. Bewusst sind wir uns, der anderen Menschen und der anderen Lebewesen und unbelebten Dinge nur, weil wir uns stets schon in der Erschlossenheit (Da) befinden. Mit der Befindlichkeit in der Erschlossenheit versteht das Dasein sich selbst, andere und anderes und sei es auch noch so unbestimmt, so doch niemals ungestimmt. Befindlichkeit als existenziale Struktur der Erschlossenheit fasst Heidegger als gleichursprünglich mit dem Verstehen. Verstehen ist immer gestimmtes Verstehen. Das Da, die Erschlossenheit des Dasein ist gleichursprünglich mit dem Verstehen durch die Stimmung erschlossen (vgl. SuZ, §§ 29, 30, 68 b).

Termini wie »Da«, »Erschlossenheit«, »Befindlichkeit« implizieren Räumlichkeit. Das Irgendwie der Befindlichkeit ist stets ein Irgendwo, nämlich da, und dieses »Da« ist uns stets irgendwie erschlossen im Hinblick auf irgendetwas. Heidegger spricht von der Räumlichkeit des Daseins (SuZ, §§ 22–24, 70). Die Räumlichkeit des Daseins bezeichnet Hogrebe als »pronominalen Raum« von »vektoriellem Charakter«, der nicht ausgemessen werden kann (1992, 40). Für Hogrebe organisiert sich, »in diesem indefiniten pronominalen Raum [...] unser mentales Existieren, dem Heidegger eben deshalb die pronominalisierende Existenzbezeichnung ›Dasein‹ gibt«. »Dieser pronominale Raum« ist »unsere Welt, ohne die es für uns keine sonstige gäbe« (40), keine Welt im Sinne eines Bezugs- und Verweisungszusammenhangs oder Bezugs- und Verweisungsgefüges, in dem wir uns stets schon als die Verwiesenen und in es Verwiesenen befinden und auf das wir immer angewiesen sind.

Der pronominalen Raum ist der Ort der Lichtung, der Erschlossenheit des Daseins. Heidegger spricht bereits in »Sein und Zeit« von »Lichtung« (132, 133, 147, 170, 350, 351, 408). »Lichtung« meint nicht allein einen freigegebenen Ort oder Freiraum, sondern ist als Verbalsubstantiv zu lesen und meint ein Freigeben, Räumen und Einräumen eines Freiraums. Zugleich wird etwas eingeräumt, so wie ein Zimmer, eine Wohnung.[29] Die Dinge erhalten ihren Ort. Der Raum gliedert sich in Orte und Gegenden, die zueinander in Beziehung stehen (vgl. etwa SuZ, 111, KR., 207). Freigegeben wird ein Bezugsganzes und Verweisungsgefüge, welches sich als Welt in den verschiedenen geschichtlichen und kulturellen Modifikationen öffnet, in dem Seiendes in je geschichtlich und kulturell unterschiedlicher Weise erschlossen werden kann und wo es nichts gibt, das uns nicht Zeichen wäre. Die dynamische und reflexive Struktur des pronominalen Raumes, die zugleich die dynamische und reflexive Struktur des Lichtungsgeschehens ist, durch welches wir nicht nur zu Bewusstsein kommen, sondern uns etwas ins Bewusstsein kommt, beschreibt Heidegger als »Spiegel-Spiel« des »Gevierts« der »Weltgegenden« (UzS, 211ff.), oder der seinstopologischen Dimensionen von »Erde«, »Himmel«, »den Sterblichen« und »den Göttlichen« (vgl. etwa VA, 145–162, 163–181 u.a.O.), bzw. den »Zukünftigen« (BPh, 395–401). Insofern für ihn Denken (Vernehmen/noein) und Sein zusammengehören ist die Topologie des Seins zugleich eine »Topologie des Menschenwesens«, wie Emil Kettering schreibt (1987, 223), eine Topologie des Lichtungsgeschehns des Da des Daseins im pronominalen Raum, in welchem sich unser physio-psychisch-mentales Existieren organisiert.

Das Geviert kann als ein in sich dynamisches, reflexives, autopoietisches und sechsdimensionales Gefüge beschrieben werden. Neben den vier seinstopologischen Dimensionen, die selbst noch nichts bedeuten aber konstitutiv dafür sind, dass etwas für uns Bedeutung erlangen, uns zum Zeichen werden kann, sind noch die konkretisierende Dimension »Ding« und die differenzierende Dimension »Unter-Schied« in das Spiegel-Spiel involviert (vgl. Nunold 2003, 105–221; 1999). »Unter-Schied« und »Ding« sind seinstopologische Begriffe, wie »Erde«, »Himmel«, »die Sterblichen« und »die Göttlichen« (bzw. »Zukünftigen«) und beziehen sich nicht auf konkret Seiendes. An anderer Stelle habe ich aufgezeigt, dass die Semiotik von Peirce ebenfalls sechsrelational rekonstruiert werden kann und sich die Zeichenrelata mit den Dimensionen des Gevierts parallelisieren lassen (ebd.).

Hier sollen sie nur einander zugeordnet werden. Heideggers Geviert erhält sozusagen eine semiotisch-relationale Oberflächenstruktur und die Peircesche

ZEICHENRELATA (PEIRCE)	DIMENSIONEN (HEIDEGGER)
Mittel/das Zeichen selbst	Erde
Objekt	Ding
Interpretant	Unter-Schied
Interpret	Sterbliche
Letzter Interpretant	Himmel
Letzte Interpretationsgemeinschaft	Göttliche/Zukünftige

Tafel 2: Peirce Zeichenrelata und Heideggers seinstopologische Dimensionen

Semiotik eine seinstopologische Tiefendimension. Die Zeitform des Spiegel-Spiels bzw. unserer Semiosen ist die Zeitform des 2. Futurs (vgl. Nunold 2003, 253; 1999). Ein Gedanke ist niemals in dem Sinne abgeschlossen, perfekt, dass er hinter uns liegt und uns nichts mehr angeht. Er ist auch nicht unabgeschlossen oder unvollendet also imperfekt. Sondern er ist stets das, was er für einen anderen Gedanken gewesen sein wird. Er kann nie ganz eingeholt, nie ganz erinnert werden im fortschreitenden Prozess des Interpretierens. Der Zeit des Verstehens eignet die zeitliche Struktur des 2. Futurs, der zurückgezogenen Zeit eines nachträglichen Antizipierens oder vorgreifenden Rückgriffs, in dem Vergangenheit, Gegenwart und Zukunft miteinander verspannt und sozusagen zur Dauer (im Sinne von »duré« im Gegensatz zu »temps«) aufgespannt sind.
Oben wurde beschrieben wie Heideggers Chaos in viele Topoi oder Logoi zerspringt. Mit Luhmann wurde im informationstheoretischen Sinne von einem »Komplexitätsgefälle« gesprochen und zur Charakterisierung drei Unterscheidungen eingeführt:

1. absolutes Chaos,
2. systemrelative Umwelt,
3. das System mit seiner eigenen Systemkomplexität.

Diese drei Unterscheidungen möchte ich jetzt aufgreifen um die Position des Gevierts in Heideggers Topologie des Seins zu erläutern: Zunächst lassen sich also drei Topoi unterscheiden, die nicht als fixe Orte verstanden werden dürfen, sondern prozesshaft, als Geschehnisse oder Vollzüge, als dynamische Zusammenhangsstrukturen zu denken sind:

(1.) Das »Verhältnis aller Verhältnisse« oder die »Ortschaft aller Orte und Zeit-Spiel-Räume«, das absolute Chaos und Raum unendlicher Komplexität.
(2.) Der pronominale Raum, Geviert, Ort des Spiegel-Spiels, Da*sein* (Verbalsubstantiv). Ihm entspricht die systemrelative Umwelt, die informationstheoretisch betrachtet weniger komplex ist als das absolute Chaos, aber eine immanente strukturelle bzw. topologische Komplexität besitzt.
(3.) Da, Welt als Bezugs- und Verweisungsganzes oder -gefüge, System mit seiner eigenen Systemkomplexität, die wieder informationstheoretisch weniger chaotisch ist als der pronominale Raum des Gevierts, aber ebenfalls eine immanente strukturelle oder topologische Komplexität besitzt. Hier gibt es für uns nichts, das nicht Zeichen ist.

Schwierig daran zu verstehen ist, dass (2.) Dasein der systemrelativen Umwelt zu (3.) Welt Da entsprechen soll. (3.) ist eine Her-vor-bringung von (2.) und *nicht* im landläufigen, naiv-realistischen Sinne als eine Art objektive Umwelt zu verstehen. Was wir als (Um)Welt erleben ist (3.) das Produkt einer Komplexität reduzierenden analogen (Re)präsentation dessen, was im Geviert des Daseins (2.) auf die ihm spezifische Weise aus dem Chaos (1.) aufgenommen und zu Welt (3.) transformiert wurde. (3.) ist weniger Komplex als (2.). (3.) ist gewissermaßen die Karte mit der sich (3.) in (1.) orientiert. Wir tendieren dazu, die Karte (3.) mit dem Territorium (1.) zu verwechseln. Die drei unterschiedenen Orte gehören zusammen, sie sind dasselbe, nämlich Fragmente oder Fraktale desselben und aus demselben Ur-Sprungs. Als gebrochene Zusammenhangsstrukturen sind sie fraktgene Diskontinua. Es ist nicht nur so, dass das System »Da«, »Welt« (3.) eine ihm eigene Umwelt besitzt »Da*sein*«, »Geviert« (2.), die niemals absolut chaotisch sein kann, und das absolute Chaos (1.) sozusagen nur als Umwelt der Umwelt des Systems »Da*sein*«, »Geviert« (2.) gedacht werden kann. Es verhält sich vielmehr so, dass (3.) eine Her-vor-bringung auf Grund einer strukturellen Koppelung von (2.) an (1.) oder ihrer gegenseitigen Durchdringung ist. Heidegger spricht von »ek-sistieren« und von »Transzendenz«, von »Hinaussein über das Seiende«, von dem »in das Nichts hinausgehaltenen Dasein« (WM, 32ff.): »Dasein heißt: Hineingehaltenheit in das Nichts«. (Ebd.)

Das Nichts aber ist für Heidegger nichts anderes als das Sein selbst, Seyn, Chaos, Verhältnis aller Verhältnisse und Ortschaft aller Orte und Zeitspielräume (1.) etc. (vgl. etwa WiM, 21). Auf Grund dieses Hineingehaltensein ist das Dasein (2.) sozusagen immer schon in der Offenheit, Erschlossenheit (3.) Da, Welt: »Das Nichts ist die Ermöglichung der Offenbarkeit des Seienden als eines solchen für das menschliche Dasein.« (Ebd.) In »Zur Seinsfrage« schreibt Heidegger:

> »[…] das Dasein des Menschen ist in ›dieses‹ Nichts, in das ganz Andere zum Seienden ›hineingehalten‹. […] ›Der Mensch ist der Platzhalter des Nichts.‹ Der Satz sagt: der Mensch hält dem ganz Anderen zum Seienden den Ort frei, so dass es in dessen Offenheit dergleichen wie An-wesen (Sein) geben kann.« (ZS, 38f.; vgl. WiM, 34)

Dasein (Verbalsubstantiv) heißt stets schon in der Erschlossenheit, in der Welt sein. Hier, begegnet das Dasein sich selbst, anderen und anderem Seienden als innerweltliches Seiendes. (2.) bezieht sich über den Umweg durch (3.), als ein Produkt der Verarbeitung der Störung von (1.) auf sich selbst als es selbst zurück. Es entstehen Fremd- und Selbstbezug in eins mit der Trennung von Ich und (Außen)welt. Das Ich wird sich stets schon als denkend, fühlend, handelnd usw. vorgefunden haben und zwar in der Welt (3) und sich zur Welt verhaltend. Die Zeit dieser »zirkulären Kausalität« ist die in sich zurückgezogene Zeit des 2. Futurs. Deren einzelne Momente oder Abfolgen können linear wie folgt beschrieben werden:

(1.) stört (2.). Heidegger spricht von »Sage« (Phasis) oder »Ur-kunde«. Sie stört (2.) und wird so zum »Anspruch«, »Zuspruch« oder zur »Zusage« an (2.) (vgl. u.a. UzS, 179ff., 202ff., 214ff., 241–267; VA, 176f., 183ff., 223–248; ID, vgl. Nunold 2003, 151–221). Sie ist die »unsägliche Sage« (UzS, 231), insofern sie ohne Worte und ohne Verlautbarung spricht (vgl. u.a. VA, 237, 246f.). Sie ist pränominaler Logos.

(2.)/Dasein vernimmt die Störung bzw. geschieht im Vernehmen der Störung (Perturbation). Es vernimmt die Störung nicht die Sage selbst (informationelle oder operationelle Geschlossenheit). Heidegger spricht von »Hören«. Das Hören als ein »Vernehmen« (noein) oder Denken und Fühlen ist das »Entsprechen« des Anspruchs (ebd.). In »Sein und Zeit« spricht Heidegger noch von »Rede«, später von »homologein« (SuZ § 34; VA 199–221, 271;

GA 55, 242–251, 295f., 372ff.; vgl. Nunold 2003, 162ff.). Rede meint noch keine gesprochene Sprache, sondern »die Artikulation der Verständlichkeit«. In der Rede wird das gehörte gegliedert in der Weise des immanenten und noch pronominalen Logos des pronominalen Raums und fügt sich zu einem »Bedeutungsganzen«. Erst »die Hinausgesprochenheit der Rede ist die Sprache« in unserem geläufigen Sinne als gesprochene Sprache (vgl. SuZ, 161). Die Rede entspricht der Störung als dem Anspruch der Sage. Sie ist die Translation des pränominalen Logos der Sage des Seins in den pronominalen Logos des pronominalen Raumes, in dem sich unser leib-seelisch-mentales Existieren organisiert. Verstehend wiederholt sie das als Anspruch (Störung) vernommene. Sie ist dem *Vernommenen* homolog. Verstehend gliedert sie es in ein sinnhaftes Zueinander und lässt es, nämlich *dasselbe, was sie vernommen* hat (homon) beisammen vorliegen, versammelt in einem Zueinander. Sie ist das existenzial-ontologische Fundament der Sprache (vgl. SuZ, 160) als Zeichenprozess und das Grundlegende jeder Auslegung. Das Entsprechen ist als Wieder-holung der vernommenen Sage (Störung) dem vernommenen Anspruch homolog. Die Wieder-holung oder Respons geschieht in der Weise des immanenten pronominalen Logos von (2.). Hier konstituiert sich sowohl der Selbst- als auch der Welt- oder Fremdbezug. Im Rahmen einer NsT als einer Topologie des Seins und des Menschen könnte von einer »antimorphen Transformation« (Kurth 1997, 288) oder antimorphen Translation gesprochen werden. Die Zusammenhangsstruktur der Sage des Seins, des Anspruchs, der Störung, vom in Anspruch genommenen, gestörten System aus betrachtet, wird den Zusammenhangsstrukturen des gestörten Systems (Dasein) entsprechend zu der Zusammenhangsstruktur dessen, was »verstanden« wurde, zusammenhängend, aber eben nicht gestalt- oder strukturerhaltend transformiert oder übersetzt.

(3.)/Da des Daseins/Welt ist als das Ergebnis dieser Wieder-holung die Entsprechung zum Anspruch aus (1.) (Sage des Seins). Sie ist der Störung, Perturbation durch (1.) also durch die Sage des Seins analog, ähnlich auf eine sehr abstrakte Weise. Welt ist ein Antimorphismus der Sage des Seins, dessen was stets schon vernommen wurde. Auch in diesem Sinne sind Sein und Denken dasselbe, aber eben nicht das gleiche. Hier gibt es nichts, was nicht Zeichen ist, und als solches ist das Dasein sich selbst in eins mit Welt als innerweltlich begegnendes Seiendes gegeben und kann zu Wort kommen. (Vgl. u.a. UzS, 179ff., 202ff., 214ff., 241–267; VA, 176f., 183ff., 223–248; ID, vgl. Nunold 2003, 162ff.). Auch hier wieder eine antimorphe Transformation bzw. Translation, jetzt von einem pronominalen in einen nominalen Logos, von einer analogen Präsentation in die digitale der Zeichen.

Durch den Rück(be)zug auf oder in (2.) entstehen Bahnungen – Heidegger spricht von »Be-wëgung« im Sinne von Weg-bereiten, einen Weg bahnen –, in denen die Verarbeitung der Störung durch 1, der Sage des Seins zumeist verläuft (vgl. UzS, 197f., 261).[30] Das Entsprechen des Anspruchs folgt gewöhnlich gewohnten Wegen (habit-taking/Peirce). Es handelt sich nicht allein um ein Folgen vorgegebener Bahnen von (1.) nach (3.) über (2.) und zurück nach (2.) oder gar um eine ziellose Bewegung, allerdings auch nicht unbedingt um eine zielgerichtete, sondern um eine Bahnung, Be-wëgung, die erst so etwas wie einen Weg anlegt, wohl ein Ziel antizipierend aber noch nicht als ein bestimmtes vorgegebenes, sondern im Erreichen erst stiftend.

Im Rahmen einer naturalistischen Philosophie des Geistes kann dies auch für »Metaphysikmuffel« beschrieben werden. Weniger kompliziert wird es dadurch nicht. Denn das beschriebene physio- psychisch-mentale System mit seinen zum Teil wieder operationell geschlossenen Subsystemen ist es ebenfalls nicht. Metzinger etwa beschreibt das Gehirn als »ein natürliches Repräsentationssystem mit einer biologischen Geschichte von vielen Millionen Jahren«, dass aus Modulen, funktionalen Untereinheiten besteht. Er spricht zwar nicht von internalisierter Emergenz, scheint aber etwas ähnliches zu meinen und differenziert zwischen »biologischen und artifiziellen Maschinen«.[31] Metzinger hält fest, dass es ein Unterschied zu sein scheint, dass »die Formate, in denen Datenstrukturen erzeugt und verarbeitet werden, im Gehirn nicht durch einen Programmierer festgelegt werden« (1999, 79). Der der Computerterminologie entlehte Begriff des »Formats« kann analog zum Begriff der »topologischen Zusammenhangsstruktur« verstanden werden. Metzinger schreibt:

> »Vielleicht haben wir gerade erst zu verstehen begonnen, wie wichtig der Begriff des ›Formats‹ für ein naturalistisches Verständnis phänomenalen Bewußtseins ist. Dies ist nur zu verständlich, da Gehirne wahrscheinlich eine wesentlich größere Anzahl an Formaten erzeugen und benutzen als unsere heutigen Computer. Das liegt daran, dass sie auf der Ebene ihrer physischen Realisierung weit stärker modularisiert sind. In anderen Worten: Biologische Informationsverarbeitungssysteme wie das menschliche Gehirn haben bereits auf der ›Hardware Ebene‹ wesentlich mehr funktionale Subsysteme. Man kann nun annehmen, dass jedes Subsystem,

> soweit es vom restlichen Informationsfluß abgeschottet ist, mit eigenen internen Formaten arbeitet. Wenn diese Vermutung richtig ist, dann werden eine Vielzahl von Modulen ihren Output in einer Vielzahl von Formaten weitergeben. Diese internen Formate könnten abstrakte Eigenschaften neuronaler Erregungsmuster sein, die durch ihre *Position in Vektorräumen* genauer beschrieben werden kann.« (Ebd., 80 [Hervorhebung durch die Verfasserin])

Im Sinne von Eisenhardt und Kurth könnte von einer »topologischen Komplexität« und »internalisierten Emergenz« gesprochen werden. Das Interessante an den »Formaten einzelner Datenstrukturen« sind für Metzinger die »Eigenschaften«, die sie »mit dem qualitativen ›Kernaspekt‹ mentaler Präsentate gemein« haben:

> »Sie sind inkompatibel mit anderen Formaten und weisen – so sie nicht in einem noch höheren Format integriert werden – untereinander keinerlei informatische Beziehung auf.« (Ebd.)

Ich bin mir nicht sicher in wie weit Metzinger folgendes im Hinterkopf hatte, aber er weist hier, am Beispiel der sogenannten »explanatorischen Lücke« bei der Erklärung von Qualia (vgl. etwa Pauen, Stephan (Hg.), 2002) auf das entscheidende Kriterium emergenter Vorgänge hin, nämlich auf ihre Nichtreduzierbarkeit. Er schreibt:

> »Ich will hier keine generelle Identitätsthese bezüglich Typen von mentalen Präsentaten und Typen neuronal realisierter Datenstrukturen vertreten [...]. Trotzdem könnte die phänomenale Qualität der Röte einfach ein bestimmtes Repräsentationsformat sein, das von gewissen Subsystemen des menschlichen Gehirns verwendet wird. Die phänomenale Atomizität und Irreduzibilität auf andere phänomenale Elemente könnte *erstens* aus der Inkompatibilität der jeweiligen Formate resultieren und *zweitens* darauf, dass der Vorgang, durch den die fraglichen Repräsentate aus niedrigstufigen Repräsentaten mit eigenen Formaten erzeugt werden, selbst *kein* Repräsentandum mentaler Meta-Repräsentation ist.« (Metzinger 1999, 80f. [Hervorhebung durch die Verfasserin])

Was Metzinger hier beschreibt, könnte vielleicht ebenso als antimorphe Translation beschrieben werden. Bei der »Umformatierung« wird die (Daten)struktur etwa der »niederstufigen Repräsentate mit eigenen Formaten« nicht erhalten. Sie werden zu *keinem* Repräsentandum einer mentalen Meta-

Repräsentation. Es ereignet sich eine Brechung der (Daten)zusammenhangsstruktur.
Heideggers Begriff »Dasein« (2) beschreibt, im Rahmen einer naturalistischen Philosophie des Geistes betrachtet, sowohl eine mentale (Fremd)repräsentation als auch eine mentale Selbstrepräsentation. Ich würde hier lieber von »Präsentation« sprechen, da dies auf einer rein phänomenalen Ebene geschieht und das uns so präsentierte erst als Repräsentiertes unserem Denken und Sprechen zugänglich wird.Wie dem auch sei, mentale (Re)präsentate sind komplexe Datenstrukturen potentieller Inhalte phänomenalen Bewusstseins (vgl. u.a. Metzinger 1999, 152). Mentale Selbstrepräsentate sind nach Metzinger:

> »[...] komplexe interne Datenstrukturen in informationsverarbeitenden Systemen einer bestimmten Klasse. Diejenigen Teile solcher Datenstrukturen, die aktuelle Repräsentanda von höherstufigen Repräsentationsvorgängen sind [er geht von einer internen Stratifikation aus, wie dies für internalisierte Emergenz typisch ist], bilden die Grundlage des bewußten Modells, das ein System von sich selbst besitzt.« (Ebd.)

»Dasein«, bzw. » Repräsentat« und »Selbstrepräsentat« bezeichnen sowohl einen Akt als auch das Ergebnis eines Aktes, die Modellierung wie das Modell. Das Modell ist eine »interessante Variante von Teil-Ganzes-Relationen«:

> »Ein Teil des Systems fungiert als interne Abbildung des Systems als Ganzes (und zwar im Interesse des Systems). Ein Teilbereich seiner physischen Aktivität (zum Beispiel in seinem zentralen Nervensystem) steht in einer Ähnlichkeitsrelation zum System als Ganzes.« (Ebd., 153)

Komplexe biologische Selbstrepräsentationssysteme modellieren und verändern sich ständig selbst bis hinunter auf die physische Ebene und bleiben dabei sich gewissermaßen immer »treu«, sozusagen als Konstanz in der Varianz oder als das Beharrende in der Zeit, sie bleiben sich stets selbstähnlich (vgl. ebd.).
Die »psychophysische Prozessualität« besitzt eine »zeitliche Dimension« (ebd.) Die Zeitform dieser oben als zirkuläre Kausalität beschriebenen Prozessualität ist die des 2. Futurs:

> »Das Selbstrepräsentat kann aus prinzipiellen Gründen niemals ein vollständiges Repräsentat werden, da es Resultat einer Systemveränderung ist, die nicht in ›Echtzeit‹ eingefangen werden kann.« (Ebd.)

Die Selbst(re)präsentation als Akt entspricht Goethes »werde, was Du bist«, auf das sich Heidegger bezieht, wenn er die dynamische Struktur von Geworfenheit und Entwurf beschreibt (SuZ, 145, 326; vgl. Nunold 2003, 27, 153). Selbst(re)präsentation im Sinne Heideggers ist immer die (Re)präsentation eines »Wesende[n], das Schon gewesen« (UzS, 26). Er beschreibt hier dasselbe, wenn auch etwas verklausuliert, wie Goethes »werde, was du bist« oder Lacans Futur:

> »[...] nicht die abgeschlossene Vergangenheit, das (passé défini) dessen was war, weil es nicht mehr ist, auch nicht das Perfekt dessen, der in dem gewesen ist, was ich nicht mehr bin, sondern das zweite Futur (futur anteriéur) dessen, was ich für das werde gewesen sein, was zu werden ich im Begriff stehe.« (Lacan I/1979, 143, vgl. Weber 1978, 10–20)

Mit anderen Worten: In der Selbst(re)präsentation wird ein Gewesenes (re)präsentiert, und zwar in einer sich stets (jedenfalls bis zum Tod des physischen Systems) vollziehenden Selbst(re)präsentation. Das ist sozusagen die naturalistische Transformation des cartesianischen Cogito. Metzinger macht mit Recht darauf aufmerksam, das solche Selbstrepräsentate, anders als »interne Weltmodelle«, niemals vollkommen leer sein können. Nach der Grundannahme einer naturalistischen Philosophie des Geistes muss es ein physisches System geben, dass die Selbstrepräsentate generiert:

> »Es kann pathologisch oder epistemisch völlig leere Selbstrepräsentate geben – aber die ihnen zugrundeliegende ›Existenzannahme‹ wird niemals falsch sein, weil es irgendein konstruierendes System geben muß. Selbst wenn ich ein Gehirn im Tank, ein Gedanke im Geiste Gottes oder ein Traum eines Marsmenschen bin – aus telefunktionalistischer Perspektive sind Repräsentate immer nur solche *im Kontext eines sie erzeugenden Systems.*« (Metzinger 1999, 154 [Hervorhebung durch die Verfasserin])

Während wir uns über die Wirklichkeit, die sogenannte Außenwelt täuschen können – »mentale Modelle von Teilen der Welt« –, sie können reine Täuschungen, »pure Simulate« sein, besitzen Selbstrepräsentate einen »prinzipiell höheren Gewißheitsgrad«. Für Metzinger ist dies die naturalistische Formulierung der »cartesianischen Selbstgewißheit des Subjekts«, und er führt aus, dass wenn Descartes das Denken vom Ich als untrennbar entdecken konnte

(2. Meditation, § 8), aus der Sicht einer naturalistischen Philosophie des Geistes das Ego zum Gedachten wird, das »untrennbar mit dem es *denkenden* physischen System verknüpft ist«.

> »Dieses System, zum Beispiel das Gehirn eines biologischen Organismus, ist in Wirklichkeit das denkende Ding. Es erzeugt *cogitationes* in Form mentaler Modelle«. (Ebd. [Hervorhebung durch die Verfassserin])

Aber das System sitzt nach Metzinger einer wenn auch evolutionär und funktional vorteilhaften Selbsttäuschung auf. Es kann zwar in der Annahme seiner Existenz nicht fehlgehen, es ist aber stets schon in der Annahme der Beschaffenheit seiner Existenz fehlgegangen. Denn es stellt die von ihm generierten Selbstmodelle nicht als Modelle da. Das Gehirn ist gewissermaßen unfähig zur Ironie. So »erkennt es sein phänomenales Ich – das mentale Modell einer res cogitans – nicht als Produkt innerer Repräsentationstätigkeit, sondern verwechselt es mit sich selbst« (ebd.). Metzinger spricht von einem »naiv-realistischen Selbstmißverständnis« auf Grund der von van Gulick ausgemachten »semantischen Transparenz« (vgl. 1988, 178).

> »Als selbstbewusste, phänomenale Subjekte schauen wir durch uns selbst hindurch und erkennen uns nicht als komplexe Makro-Repräsentate.« (Metzinger 1999, 155)

»Mentale Selbstrepräsentate« sind nach Metzinger von »Gehirnen erzeugte und benutzte Werkzeuge«. Es sind »*kontrafaktische phänomenale Selbste*«, die als »Werkzeuge in *absichtlich* eingeleiteten kognitiven Operationen eingesetzt werden«. Die Absichtlichkeit, nämlich die Annahme, dass ich es bin, die denkt, fühlt, phantasiert etc., Kants transzendentale Apperzeption, ist wieder nur das Ergebnis einer Täuschung. Denn es »*existiert* immer noch ein internes Selbstrepräsentat des Systems *als* eben *jene mentalen Operationen gerade durchzuführendem* (ebd.)«. [Hervorhebungen durch die Verfasserin] Offenbar handelt es sich um eine naturalistische Transformation der Descartesschen Denkkategorie »res«, Ding. Das geistige Denkding wird zu einem materialen, physischen, ausgedehnten Denkding der »res extensa«, dem Gehirn. Hier soll keinem Geist-Materie-Dualismus das Wort geredet werden. Es geht mir um etwas anderes. Das »mentale Modell« mag als ein denkendes, geistiges Ding verkannt werden, gleichwohl ist es *mehr* als bloß ein Modell und es ist keineswegs kontrafaktisch, wenigstens nicht notwendiger Weise – solange wir uns nicht darüber täuschen, wer wir sind. Ich mich z.B. nicht etwa für eine ägyptische Prinzessin halte, oder für eine Heilsbringerin, vergleichbar jenem amerikanische Präsidenten, der sich im Namen des Herrn unterwegs wähnte. Ich wäre in der Tat ver-rückt, die internen psychisch-mentalen Relationen, die interne Proportionalität, der psychisch-mentale Logos wäre im topologischen Sinne ver-rückt. Auch für Metzinger handelt es sich in diesen Fällen um »rein[e] Simulat[e]« (ebd.), die sich eben *nicht* »problemlos in die relationale Gesamtstruktur des internen Realitätsmodells einfügen lassen« (ebd. 170).

Metzinger spricht selbst davon, dass Selbstrepräsentate existieren. Möglich, dass er »Existenz« im Sinne von Vorhandenheit verwendet. Dann ist der Satz so zu verstehen, dass ein Selbstrepräsentat vorhanden ist. Vorhanden sind nur Dinge. »Selbstrepräsentat« wäre nur ein anderer Name für res cogitans. Heidegger hat immer wieder darauf hingewiesen, dass sich hinter der einseitigen Interpretation von »Existenz« im Sinne von Vorhandenheit eine Fixierung auf das Seiende verbirgt, gewissermaßen eine fixe Idee der abendländischen Metaphysik als Resultat ihrer Seinsvergessenheit (vgl. u.a. SuZ, § 9; Hum; ZS; WiM). In diesem Sinne wäre das Selbstrepräsentat in der Tat kontrafaktisch. Heidegger denkt Existenz aber von »Ek-sistenz« im Sinne von »Hin-aus-stehen« (vgl. u.a. Hum, 18). »Hin-aus-stehen« ist eine Tätigkeit. Wenn Heidegger schreibt, »das ›Wesen‹ des Daseins liegt in seiner Existenz« (SuZ, 42), kann der Satz auch gelesen werden, als »das ›Wesen‹ des Daseins liegt in seinem Hin-aus-stehen«. Es steht hinaus in das Freie, das Offene, das Nichts, das Sein. Dieses Offene ist nichts Fremdes, kein Außen und doch das ganz andere zum Seienden. Das Dasein *west* als dieses Offene selbst und zwar im Hin-aus-stehen und Offenhalten. »Wesen« ist ein Verbalsubstantiv. Es nennt Sein als Geschehnis. Mit anderen Worten: Das Geschehen des Daseins liegt in seinem Hin-aus-stehen als einem Offenhalten. Es erzeugt im Hin-aus-stehen dieses Offene, das es selbst ist und in das es hin-ein-steht. Heidegger spricht vom Menschen als »Platzhalter des Nichts«.

> »Der Satz sagt: der Mensch hält dem ganz Anderem zum Seienden, den *Ort* frei, so dass es in dessen Offenheit dergleichen wie An-wesen (Sein) geben kann.« (ZS, 39 [Hervorhebung durch die Verfasserin]; vgl. Nunold 2003, 117ff.)

Selbstrepräsentate sind keine bloßen kontrafaktischen Modelle, sondern in der Tat *wesentliche* Momente des Geschehens einer wie Metzinger es darstellt »inneren Repräsentationstätigkeit«, aber keine einfachen Produkte.

Denn die Repräsentation ist eine antimorphe, nichtstrukturerhaltende. In der Repräsentationstätigkeit wird die Zusammenhangsstruktur gebrochen. Das Selbstrepräsentat ist emergent gegenüber dem, was es als es selbst repräsentiert, dadurch ist es zugleich auch mehr als nur ein Repräsentat, nämlich »*Ich*«. Das Selbst entsteht erst in der Repräsentation, die so erst zur Selbst(re)präsentation wird. Im Grunde handelt es sich um eine *Selbstpräsentation*. Metzinger spricht davon, dass »eine weitgehende Isomorphie zwischen innerer Struktur und Repräsentandum« bestehen muss (Metzinger 1999, 170). Das Interessante ist aber gerade die Antimorphie. Gleichwohl handelt es sich um eine Ähnlichkeitsbeziehung. Doch diese Ähnlichkeit, bzw. Selbstähnlichkeit besteht nicht ausschließlich in der eindeutigen Abbildbarkeit zwischen innerer Struktur und Repräsentandum.

Das Neue, Nichtreduzierbare, was in dieser Repräsentationstätigkeit emergiert, ist das, was Heidegger das »Da« des Daseins, seine »Erschlossenheit« nennt (vgl. u.a. SuZ, 133). Das Ich ist keine reine Täuschung auf Grund der van Gulicken »semantischen Transparenz«. Es ist gewissermaßen die Transparenz selbst, das durchscheinende Offene für alle Repräsentate und Selbstrepräsentate, auch für die Repräsentationen meiner selbst als was auch immer. In all diesen Repräsentationen kann ich mich täuschen. Kants transzendentale Apperzeption mag in diesem Sinne eine naiv-narzistische Täuschung sein, schon allein deswegen, weil uns im Offenen (Heideggers »Lichtung des Seins«) die Repräsentation des Geschehens der Offenheit als Präsentation unseres Selbst erscheint, die dann auch noch vorgibt, selbst zu denken. Diese Täuschung ist aber eine dem Geschehen des Selbstgegebenwerdens inhärente. Hölderlin hat dies bereits Fichte bezüglich seines »Ich bin Ich« bescheinigt:

> »Wenn ich sage: Ich bin Ich, so ist das Subjekt (Ich) und das Objekt (Ich) nicht so vereinigt, dass gar keine Trennung vorgenommen werden kann, ohne das Wesen desjenigen, was getrennt werden soll zu verletzten; im Gegenteil: das ich ist nur durch diese Trennung des Ichs vom Ich möglich.« (SW IV, 216)

Das Subjekt, das Zugrundeliegende ist das Geschehen der Offenheit für sich selbst, andere und anderes. Das Objekt ist Repräsentat dieses Geschehens als Ich. Die Täuschung besteht in der Annahme der Identität. Die Verletzung besteht in der Trennung, in der Unterscheidung zwischen dem Repräsentat und dem Repräsentierten – »Schmerz versteinert die Schwelle« (Trakl, vgl. u.a. UsZ, 26; Nunold 2003, 206, 252ff.). Das Ich als vergegenständlichende Darstellung des Ichs als Subjekt, des zugrundeliegenden Prozesses ist ein festgestelltes, festgehaltenes Moment des zu Grunde liegenden Gründungsgeschehen, sein fixes Symbol im Sinne eines pars pro toto und eine Wesendes (Geschehendes), das schon gewesen (geschehen) sein wird. Dieses Geschehen ist gewissermaßen die Substanz des Ichs und als solches Subjekt. In SuZ. schreibt Heidegger:

> »Allein die ›Substanz‹ ist nicht der Geist als die Synthese von Seele und Leib, sondern die Existenz.« (117, s.a. 212, 314; vgl. Hum 21f.; Zimmermann 1997; Saltzer u.a. 1997, 304)

Das Ich als Objekt ist ein Moment der Selbstreflexivität der Substanz. Die Gewissheit des Daseins liegt entsprechend nicht in der nicht mehr zu bezweifelnden Selbstgewissheit des Ichs, als das, was denkt, auch nicht in seiner naturalistischen Reformulierung als Selbstgewissheit eines denkenden physischen Systems, sondern in der »Möglichkeit als Existenzial« als »die ursprünglichste und letzte positive ontologische Bestimmtheit des Daseins« (SuZ, 143f.; vgl. Nunold 2003, 30ff.). Als ek-sistierendes ist es zwar der Grund seiner Offenheit und Freiheit, als seinem eigenen Möglichsein, seinem eigenen Seinkönnen. Zugleich ist es des Grundes niemals mächtig. Es besitzt keine Macht über sein Seinkönnen. Es ist seiner Freiheit ausgesetzt, in sie aus-gesetzt (ek-sistent). In diesem Ausgesetztsein, Heidegger spricht von Geworfenheit, besteht die Faktizität des Dasein, »dass es ist und zu sein hat« (SuZ, 134) und zu gleich seine Gewissheit oder Bestimmtheit. »Grundsein« besagt für Heidegger, »des eigensten Seins von Grund auf nie mächtig sein« (284). Mit anderen Worten, es besitzt keine Macht über das Gründungsgeschehen. Unsere Subjektivität bleibt uns epistemisch opak.

Das phänomenale Selbst ist nicht kontrafaktisch. Der Begriff ›Faktum‹ als Kategorie der Vorhandenheit ist sinnvoll gar nicht anwendbar – Heideggers Begriff der ›Faktizität‹ bezieht sich auf die Geworfenheit oder Ausgesetztheit des Daseins. Für ihn ist das Dasein nichts faktisch Seiendes, kein Ding.

Das Selbst ist keine bloße Einbildung des denkenden Dings Gehirn, es ist gleichwohl gebildet. Als analog (Re)präsentiertes ist die entscheidende Frage nicht die nach der Wahrheit des Selbstmodells, sondern nach dessen Ähnlichkeit. Bilder sind nicht wahr, Bilder beschreiben nicht. Bilder sind ähnlich. Ähnlichkeit bedeutet nicht in jedem Falle eine punktgenaue Abbildung. Auch das in einer antimorphen Repräsentation Präsentierte steht in einer Ähnlichkeitsbeziehung zu seinem Repräsentandum. Und es ist die Frage, ob der optimale Grad von Ähnlichkeit (vgl. Metzinger 1999, 170) auch der im landläufigen Sinne ähnlichste ist. Es ist wohl wahr, dass ein »gutes internes Selbstrepräsentat [...] im Normalfall durch seine problemlose Einbettbarkeit in das aktuelle Weltmodell charakterisiert [ist]«, aber vielleicht kann diese problemlose Einbettbarkeit eben *nur* als Indiz für eine mehr oder weniger »weitgehende Isomorphie zwischen innerer Struktur und Repräsentandum gewertet werden« (ebd.). Wenn das Selbstmodell das Wissen in einer nicht-propositionalen Form verkörpert, »das ein System intern über sich selbst gewonnen hat« (Metzinger 1999, 171), so ist im Antimorphismus jenes Mehr verborgen, das *kein* bloßes Repräsentat ist, sondern *originäre Präsentation* und daher auch nicht reduzierbar. Gleichwohl kann dieses Mehr höchst funktional und ein evolutionärer Vorteil für das biologische System sein.

Unsere Wirklichkeit (3.), Selbstpräsenz wie Fremdpräsenz ist kein bloßes Konstrukt, keine reine Erfindung, sondern ein Er-gebnis eines Transformations-, bzw. Translationsprozesses. Wirklichkeit ist auf Grund dieses Prozesses in gewisser Weise fiktional aber nicht vollständig fiktiv. Wir sind in das Geschehen – Heidegger würde von »Wesen« sprechen – der Her-vor-bringung von Wirklichkeit verwickelt und in diesem Sinne sind wir immer auch in der Wahrheit (im Sinne von Un-Verborgenheit) und zugleich in die Irre gegangen. Unsere Wirklichkeit, Welt ist nicht mit dem Sein selbst identisch, aber sie ist primäre Präsentation einer analogen Repräsentation eines an sich selbst Nichtrepräsentierbaren. Jede weitere Repräsentation von Wirklichkeit, in propositionaler oder nicht-propositionaler Form, ist Repräsentation dieser primären Präsentation. In diese Präsentation sind wir verwickelt. In ihr sind wir uns in eins mit der Welt immer schon präsent, noch bevor wir uns irgendwelche Repräsentanzen unserer selbst, der Welt oder des innerweltlich begegnenden Seienden »erfinden«. Merleau-Ponty spricht von der »originäre[n] Präsentation des Nichtrepräsentierbaren« (SU, 261, vgl. 277/dt. i. Org.) und Heidegger von Un-Verborgenheit, A-letheia (vgl. SU 320).

Wirklichkeit in diesem Sinne ist kein Abbild eines Urbildes, sondern ist Bild. Das Wort »Bild« kommt aus dem Mittelhochdeutschen und meint zunächst *Vor*bild, nicht im Sinne von Urbild im Verhältnis zum Abbild, sondern *vor* einem konkreten Bild. Es meint Muster, das Vorgeben von Verhältnissen, Proportionierungen. »Bild« war ähnlich konnotiert wie einst »Logos«. Wir sind immer schon im Bilde und in das Bildgeschehen, in das Einbilden verwickelt, bevor wir uns ein konkretes Bild von etwas, uns selbst oder von der Welt gemacht haben. Darin besteht unsere Einbildungskraft (Kant), als der Dynamik des Einbildens, der Phantasia (Aristoteles). Und in diesem Sinne ist, wie Wittgenstein treffend bemerkte, »ein Bild am Grunde alles Denkens zu respektieren« (VB, 159). »Analogia« (lat.: »proportio«) meint das Verhältnismäßige, Entsprechende, Proportionale, das Ähnliche. Das eingebildete Bild ist eine Analogie zur unsäglichen Sage des Seins, des schon wegen seiner ungeheuren Komplexität oder auch Kompliziertheit pränominalen und nicht bildhaften Logos (in sofern ist es unsinnig, sich von Gott als dem absoluten Sein ein Bild machen oder ihn bei seinem Namen, als der Abbreviatur des Bildes, nennen zu wollen). Das Bild ist die Übersetzung in eine andere Verhältnishaftigkeit. Übersetzt werden Verhältnisse, Relationen, Proportionen in andere Verhältnisse und das nicht notwendigerweise strukturerhaltend. Ein Bild kann antimorph sein (in der Kunst keine Seltenheit). Ein Bild ist zwar nicht das »Verhältnis aller Verhältnisse« und in diesem Sinne nicht absolut chaotisch oder komplex im informationstheoretischen Sinne, aber es ist, wenn auch im reduzierten Maße ein Verhältnis von Verhältnissen und mehr oder weniger komplex oder chaotisch. Die Ähnlichkeit des Bildes gründet in seiner Selbstähnlichkeit.

Es entspricht dem Sein und ist zugleich als ein Teil, ein Fraktal aus dem Ur-Sprung desselben als dem »Verhältnis aller Verhältnisse« oder der »Ortschaft aller Orte und Zeit-Spielräume« und diesem wie es chaostheoretisch so schön heißt, skalen- oder maßstabsunabhängig selbstähnlich. Es ist ein Seinsfraktal bzw. -fraktgen bezogen auf die Gebrochenheit der Zusammenhangsstruktur. Es handelt sich hierbei insofern um eine Selbstbezüglichkeit des Denkens und Sprechens, als sie letztlich aus der »Zurückgebogenheit« des Seins (BPh., 281) resultiert. Sein, Denken, Sprache sind dasselbe, nämlich Logos. Dieser ist nicht nur zersprungen oder zerklüftet und in sich selbstähnlich, sondern selbstreferentiell. »Eine wesentliche Kluft« schreibt Heidegger, »ist das Sein in der Zurückgebogenheit« (ebd.). Diese Kluft als der Unter-Schied bringt erst die Unterscheidung zwischen Ich und Welt, System und Umwelt, Selbstbezug und Fremdbezug her-vor. In diesem durchaus nicht »trivialen Sinne« ist das Universum ein selbstähnliches System (vgl. Metzinger 1999, 153, Anm. 3).

Die Translationen oder Kognitionen, insofern es sich um eine neuronale Verarbeitung von Relationen (Varianzen und Invarianzen, Unterschieden und Gemeinsamkeiten) handelt (vgl. Ciompi 1997, 74), geschieht zumeist auf einmal gebahnten oder vorgebahnten Wegen. Chaostheoretisch betrachtet handelt es sich um Attraktoren. »Attraktoren« schreibt Ciompi, »sind Bereiche im sogenannten Zustandsraum oder Phasenraum, auf welche die Systemdynamik obligat zutreibt, beziehungsweise innerhalb deren sie sich notwendiger-

weise abspielt« (Ciompi 1997, 140). Der Phasenraum »ist ein abstrakter vieldimensionaler Raum (hyperspace), der durch die relevanten Systemvariablen aufgespannt wird« (ebd.).
Heideggers Geviert kann als ein solch abstrakter Hyperraum oder Phasenraum interpretiert werden mit seinen sechs seinstopologischen Dimensionen. Der Phasenraum als Geviert ist der Raum oder Ort, in dem die Störung, im Sinne Heideggers die Sage (Phasis) des Seins vernommen, gehört und ihr entsprochen wird. Der Phasenraum ist der Transformationsraum, in dem Relationen so verarbeitet werden, dass sie für uns wirklich werden können. Die Transformation lässt erscheinen, zum Vorschein kommen für uns, um mit Kant zusprechen, sie transformiert zum Ding als Erscheinung. »Phasma« meint nach Heidegger das Erscheinen, z.B. der Sterne oder des Mondes, »ihr Zum-Vorschein-kommen«. »Phaseis« aber »nennt die Phasen«, z.B. »die Mondphasen« des Mondes als »die wechselnden Weisen [Zustände] seines Erscheinens« (VA, 236). Was hier beschrieben wird, ist ein Zum-Vorschein-kommen und Beisammen-vor-liegen-lassen. Es handelt sich stets um dasselbe um den Logos als Seinsgefüge, doch nie um das gleiche, sondern um unterschiedliche Weisen desselben, um unterschiedliche Phasen, Modi oder Moden, Zustände des Her-vor-in-die-Un-Verborgenheit-bringens, zu der auch die Transformationen, Translationen oder Kognitionen gehören. Der Logos bezieht sich ständig auf sich selbst und bringt sich stets wieder selbst hervor. Er ist dann immer noch derselbe, doch nicht mehr der gleiche, sondern ein transformierter oder übersetzter. Er befindet sich in einem anderen Zustand, einer anderen Phase oder Erscheinung. In diesem Sinne transformiert und übersetzt das Sein (der Logos als Seinsgefüge) sich selbst. Autopoiesis in diesem Sinne ist Selbstransformation bzw. -translation und nicht zuletzt antimorphe Selbstransformation und -translation.
Diesen Transformations- oder Phasenraum des Gevierts mit seinen sechs seinstopologischen Dimensionen: Erde, Himmel, die Sterblichen, die Göttlichen (Zukünftigen), Unter-Schied und Ding und das Geschehen in diesem Raum, Heidegger spricht von »Spiegel-Spiel«, möchte ich im Folgenden näher betrachten (vgl. dazu UzS, 11–33, 197, 211–215f.; VA, 143ff., 157–175; HEH; Nunold 2003, 151–221; 1999). Aus chaostheoretischer Sicht handelt es sich dabei um Systemvariablen, die den abstrakten Phasenraum aufspannen:

1. Erde/Substrat-Dimension:
»Erde« ist Heideggers Name für das, was alles aufgehen lässt und (aus)trägt, nur nicht sich selbst. Sie ist die Substrat-Dimension (hyle, Stoff/causa

materialis)[32] und der Peirceschen Zeichenrelation des Mittels vergleichbar, vergleichbar auch Blochs Materie als Substrat des real Möglichen.

2. Ding/konkretisierende Dimension:
»Ding« meint, das worin sich etwas als etwas konkretisiert. Die konkretisierende Dimension (causa efficiens) ist der Peirceschen Zeichenrelation des Objekts vergleichbar.

3. Unter-Schied/differenzierende Dimension:
»Unter-Schied« ist der Name für die differenzierende Dimension, sozusagen für den Ur-Sprung, Heideggers »Fuge«, »Zwischen«, »Mitte«, »Verhältnis«, »Kluft«, »Differenz«, um nur einige der Namen zu nennen. »Unter-Schied« meint den Unterschied, ohne den kein Unterschied einen Unterschied machen, ohne den es weder Varianz noch Invarianz geben würde und Interpretation als das Herausdifferenzieren von etwas als etwas bestimmtes nicht möglich wäre. Vergleichbar ist diese Dimension mit der Peirceschen Zeichenrelation des Interpretanten.

4. Die Sterblichen/individuierende Dimension:
»Die Sterblichen« stehen für unsere Verwickeltheit in das Geschehen der Her-vor-bringung von Wirklichkeit, im semiotischen Sinne für das Involviertsein in den Zeichenprozess oder die Semiosis, und zugleich für unsere Selbstgegebenheit. Das Subjekt ist relationales Subjekt und im Prozess der Her-vor-bringung von Wirklichkeit aufgehoben und wird sich doch als Subjekt dieser Vollzüge gegeben. Die Dimension der Sterblichen ist die individuierende Dimension. Wir sind endliche Wesen, nicht fähig, uns selbst und die Dinge in ihrer ganzen Komplexität und Kompliziertheit zu denken, ihnen auch nur annähernd gerecht zu werden. Sie steht also auch dafür, dass die Dinge und wir uns selbst nur in bestimmter Hinsicht, unter einer bestimmten Perspektive, in bestimmter Absicht usw. also in begrenztem Ausmaß als besondertes diese oder jenes, ich, du, diese oder jene begriffen werden. Vergleichbar ist sie dem Interpreten als Zeichenrelation.

5. Himmel/strukturierende Dimension:
»Himmel« steht für die stets vorausgesetzte Regel- und Gesetzhaftigkeit. Was auch immer wir denken, wie auch immer wir handeln, wir tun dies stets und zumeist unausdrücklich und uns selbst nicht bewusst vor dem Hintergrund vorausgesetzter Regel- oder Gesetzhaftigkeit. Die Dimension Himmel repräsen-

tiert also noch keine bestimmten Gesetze oder Regeln, sondern die immer schon gemachte Annahme, dass es solche gibt. Wir halten immer schon danach Ausschau und strukturieren auf diese Weise die bunt, chaotische Mannigfaltigkeit des Seienden. Wir würden uns sonst nie zurechtfinden. Vergleichbar ist die strukturierende Dimension (Aussehen, Gestalt, Form/causa formalis) der Zeichenrelation des Peirceschen letzten Interpretanten.

6. Die Göttlichen (Zukünftigen)/maßgebende Dimension:
»Die Göttlichen« oder »Zukünftigen« stehen für unsere stete Gewissheit, der Wahrheit oder Sinnhaftigkeit (in einem sehr weiten emphatischen Sinne) doch irgendwie teilhaftig zu sein und zwar vorgängig aller Befürchtungen der Absurdität des Ganzen. Keiner vernünftigen Handlung wären wir ohne diese immer schon gemachte Annahme fähig. Sie ist die Voraussetzung für Rationalität und ethische Verantwortlichkeit. Wir setzten voraus, dass wir uns stets schon in der Wahrheit befinden, gerade auch wenn wir in die Irre gehen. Wenn wir schon nicht in Besitz der ganzen Wahrheit sind, so vielleicht die Menschen, die nach uns kommen und sei es auch erst am St. Nimmerleinstag. Aus unserer Befindlichkeit heraus verstehen wir etwas oder verstehen es nicht, handeln so oder anders usw. Diese Dimension repräsentiert auch unsere Stimmungen oder Leitstimmungen, weil diese unserem Denken gewissermaßen den Weg weisen. Sie sind ebenfalls immer schon auf die Möglichkeit von Wahrheit und Sinnhaftigkeit oder wie es so nett heißt des Wahren, Guten, Schönen als Maßgabe all unseres Sinnen, Trachten und Handelns bezogen, auch wenn wir etwas Übles intendieren. Hier kann daher von der maßgebenden Dimension (Ziel, Zweck, Sinn, Telos/causa finalis) gesprochen werden. Sie ist der Zeichenrelation der Peirceschen letzten Interpretationsgemeinschaft vergleichbar.

Die Sechs seinstopologischen Dimensionen des Phasenraums des Gevierts sind an dem Transformations- bzw. Translationsprozess beteiligt. Im Spiegel-Spiel, sozusagen im Reflexionsprozess des Gevierts wird nach Heidegger ermittelt, was in den Unter-Schied versammelt und so Ding, Wirklichkeit für uns wird. Dies ist keinesfalls beliebig, sondern wird bedingt durch die Be-wëgung des Gevierts, also durch bestimmte mehr oder weniger erprobte Weisen oder Wege (Bahnen) der Verarbeitung. Sie sorgen sozusagen dafür, dass im Alltag zumeist alles in seinen gewohnten Bahnen verläuft, unspektakulär und mit niedrigem Energieaufwand. Nach Ciompi »gleichen die mentalen Strukturen oder Programme [...] einem durch den Gebrauch selbst

angelegten und im Gebrauch ständig weiter aus- und umgebauten Weg- oder Straßensystem mit einigen früh schon festgelegten breit ausgewalzten Hauptachsen und einer komplex verschachtelten Hierarchie von mehr oder weniger fixen Verbindungsstraßen und -sträßchen zweiter und dritter bis n-ter Ordnung. Selbst Fuß- und Schleichwege fehlen nicht [vermutlich auch nicht Heideggers Holz- und Feldwege], und aus einem zunächst ganz unauffälligen Seitenpfad mag sich mit der Zeit ein immer häufiger benutzter Fühl- Denk- und Verhaltensweg, zuletzt vielleicht sogar ein vollautomatisierter ›Gemeinplatz‹ entwickeln.« (1998, 49)
Dieser Vergleich findet »seine recht genaue Entsprechung im neuronalen Netz- oder Wegsystem [...], das [...] durch die Aktion selbst gebahnt« wird. Durch »Wiederholungen und Habituationen« entwickelt es sich »zu einem hochkomplexen funktionellen Netzwerk mit automatisch bevorzugten breiten Heerstraßen und zahllosen Haupt- und Nebenwegen verschiedenster Ordnung« (ebd.) So sind beim »niederen Tier [...] die meisten dieser ›Straßen‹ im vorhinein phylogenetisch festgelegt, wogegen bei den höheren Primaten und speziell beim Menschen die Umweltplastizität dieses ›Straßennetzes‹ enorm wird. Zu bedenken ist dabei, dass ebenfalls vererbte Verhaltensweisen letztlich nichts als Aktionen kondensieren, die aufgrund ihrer Zweckmäßigkeit evolutionär selektioniert worden sind.« (Ciompi 1997, 49).
Bestimmte Wege sind besonders attraktiv. Es sind die Wege (Trajektorien) im Attraktorbereich. Wie ein solcher Attraktor wirkt oder besser anzieht, beschreibt Heidegger am Beispiel des Hegelschen »Absoluten«, welches an und für sich schon bei uns sein will (Hegel, PhG, 56; Heidegger, Hw, 105–192). Nun steht der Begriff des »Absoluten« selbst schon für eine übermächtige oder auch fixe Idee, die wenigstens Hegels Denken im chaostheoretischen Sinne versklavte und die Richtung wies, es und damit auch ihn sozusagen be-wëgte. Es handelt sich hierbei – vielleicht nicht nur im übertragenen Sinne – um einen seltsamen Attraktor. Doch darum geht es mir jetzt gar nicht. Das Hegelsche Absolute steht für die stets vorausgesetzte Möglichkeit von Wahrheit. Peirce letzte Kommunikationsgemeinschaft, deren »Strukturen [...] hier und jetzt schon sichtbar sind« (Wartenberg 1971, 31) an der wir immer schon partizipieren und die wir immer schon antizipieren, ist das Analogon eines sinnkritischen Realismus zu Hegels absoluten Geist, und Heideggers Göttliche bzw. Zukünftige sind das seinstopologische Analogon dazu. Es handelt sich um drei verschiedenen Bilder oder Namen als Abbreviatur des Bildes, die für dasselbe stehen, für das maßgebende Ziel all unseres Sinnen und Trachten.

Hegel schreibt:

> »Das Ziel aber ist dem Wissen ebenso notwendig, als die Reihe des Fortganges, gesteckt; es ist da, wo es nicht mehr über sich selbst hinaus zu gehen nötig hat, wo es sich selbst findet und der Begriff dem Gegenstande, der Gegenstand dem Begriff entspricht.« (PhG, 59)

Heidegger führt aus, dass dieses »gesteckte Ziel« keines ist, was allein durch den Fortgang der Bewusstseinsgeschichte zu erreichen wäre, sondern dass es selbst »anziehend ist«. Das Ziel ist in zweifacher Weise anziehend. Es übt selbst einen Zug aus, der den Bewusstseinsprozess vorantreibt, und es ist selbst wünschenswert und in diesem Sinne anziehend (vgl. Hw, 147). Dieses Ziel und das fragende Suchen danach ist sogar lebensnotwendig (vgl. BPh, §§ 53ff., 60ff.) und wie Peirce schreibt, von einer »unendliche Hoffnung« getragen (cp. 5.357). Wird diese zunichte gemacht, wird jedes sinnvolle Handeln unmöglich.[33] Was Heidegger hier beschreibt als anziehend in zweifacher Weise entspricht der Funktion eines Attraktors, der die Tendenz hat, wie Ciompi schreibt, »alles in seinem Einflusskreis befindliche Fühlen, Denken und Verhalten wie ein Magnet anzuziehen«.[34] Und er schreibt weiter:

> »Genau besehen übt jedes kleine einzelne ›Konzept‹, ja jede einzelne ›gute Idee‹ derartige anziehende Wirkungen aus, mit dem Effekt, dass einmal gebahnte Gedankenwege in ähnlichem Kontext und Affekt in der Folge bevorzugt immer wieder durchlaufen werden.« (1997, 154)[35]

Es ist keinesfalls so, dass die Dimension der Göttlichen oder Zukünftigen »die Attraktion« im Phasenraum ist. Sie ist der Ort oder wie Heidegger sagen würde die »Gegend« (vgl. u.a. UzS, S.197f., 211–215) jeder nur möglichen Attraktion. Von hier aus dehnt ein Attraktor seinen Einflussbereich aus und (be)stimmt so den Verlauf des Spiegel-Spiels, die Be-wëgung der Gegenden oder Dimensionen des Gevierts (vgl. UzS, 214f., HEH, 165f.). Von hier aus werden »die Weichen gestellt«, werden die »Bahnen gewiesen« in denen die Kognitionen verlaufen:

> »Der Attraktorbereich setzt sich aus sämtlichen Verlaufswegen oder Trajektorien zusammen, welche ein System unter der Wirkung von bestimmten Zwängen (constraints) in einem solchen Phasenraum iterativ zu durchlaufen vermag«. (Ciompi 1997, 140).

Die Vororientierung oder (Ein)weisung in bestimmte Bahnen, in die Be-wëgung erfolgt durch die Stimmung, in der sich das Dasein befindet. Im Geviert werden die Stimmungen in eins mit der stets vorausgesetzten Möglichkeit von Wahrheit durch die Dimension der Göttlichen/Zukünftigen repräsentiert.

8 Heideggers »Dämonologie« und Ciompis Operatorwirkungen der Affekte

8 Heideggers »Dämonologie« und Ciompis Operatorwirkungen der Affekte

Heidegger hat sich nie systematisch dem Thema »Stimmungen« zugewandt, gleichwohl ist es ein wichtiger Bestandteil seines Werkes, auf das er an vielen und für das Gesamtverständnis entscheidenden Stellen zurückkommt. Es ist ein geläufiges Missverständnis, nicht nur von Bollnow, der viel erhellendes über die Stimmungen zu sagen weiß (vgl. etwa Bollnow 1988), dass Heidegger sich nur mit der Angst und bestenfalls noch mit der Langeweile und Neugier beschäftigt hat. Heidegger spricht zumeist von den von ihm sogenannten »Grundstimmungen«: Angst, Staunen, Zweifel, Verhaltenheit, Scheu, Ahnung, Gleichgültigkeit, Trauer, Erschrecken, Heiterkeit, Freude und Liebe (vgl. Han 1996).

Die von Heidegger genannten Grundstimmungen decken sich zum großen Teil mit den von Ciompi genannten Grundgefühlen: Interesse-Gefühle, Angstgefühle, Wut/Aggression, Trauer, Lustgefühle: Freude, Liebe etc. (vgl. Ciompi 1997, 99ff.). Heidegger packte also nicht nur die Angst, und wir bekommen es, wenn wir uns mit dem Begriff der Stimmungen in Heideggers Werk beschäftigen, auch nicht nur mit der Angst zu tun.

Er thematisiert die Stimmungen häufig (nicht immer) im Zusammenhang mit seiner Auslegung von Hölderlins Dichtung. Welche Rolle also spielen die Stimmungen in Heideggers Topologie des Seins oder in der Ökologie des Gevierts als der Ökologie unseres leib-seelisch-mentalen Existierens?[36] (Vgl. im folgenden: EHD/HEH; UzS, 214ff.; GA 39; 52; 53; 54.).

Oben wurde beschrieben, wie eine Störung oder Perturbation, im Sinne Heideggers die Sage des Seins Be-wëgung in den Phasenraum des Gevierts bringt. Dazu muss sie erst einmal registriert, gehört werden. Wie sie registriert und entsprechend weiter verarbeitet wird, hängt zum einen von der Grundstimmung und zum anderen von »der Saite ab«, welche die Störung oder der Anspruch durch die Sage des Seins »zum Schwingen« gebracht hat. Die Perturbation oder der Anspruch erfolgt aus dem Sein als Chaos (1). Chaos versteht Heidegger von Physis her. Physis ist Autopoiesis pur. Sie ist das »Heilige« und als solches sowohl das »Heitere« und »Heile« aber auch das »Un-nahbare«, »Entsetzliche« (EHD, 16ff., 62f.). »Heilig« im Sinne von »sacer« hat die doppelte Konnotation von heilig/heil und verflucht.

In den Parmenides-Vorlesungen thematisiert er die Physis als das »Un-geheure«, »to daimonion«. Die Göttlichen als Repräsentanten oder Boten, Übersetzer, als diejenigen, die »Winke« oder »Weisungen« (EHD, 46; vgl.

GA 39, 31ff.; HEH, 167) weitergeben, sind nicht mehr wie bei Hölderlin »die Engel«, die »Angeloi«, sondern die »Daimones« (EHD, 16; GA, 54, § 6). Das Chaos als das Ungeheure, Dämonische (1.) umgibt das Geheuere (3.) und wirkt auf dieses ein und so in dieses hinein. Das Geheuere besteht nur durch Ausdifferenzierung und Abgrenzung – mit Ciompi »kybernetisch ausgedrückt: das Konstatieren einer Redundanz« – im Ungeheuren oder »im (eigentlich ›un-heimlichen‹) Unbekannten« (Ciompi, 1997, 117; vgl. Heidegger, GA 52, 143–152) und löst sich wieder in dieses auf.
Das Hereinwirken in das Geheuere, wodurch das Ungeheure (1.) als das Geheuere (3.) erscheint, legt Heidegger als Weisen und Zeigen (griech.: »daio«) aus: Er schreibt:

> »Das **δαιμόνιον** [daimonion] können wir das Un-geheure nennen, weil es und sofern es überall das jeweilige Geheuere umgibt und überall in alles Geheuere sich dargibt, ohne doch das Geheuere zu sein. Das so verstandene Un-geheure ist im Verhältnis zum Geheuren nicht die Ausnahme, sondern das ›Natürlichste‹ im Sinne der griechisch gedachten ›Natur‹, d.h. der **φύσις** [physis]. Das Ungeheure ist das, woraus alles Geheuere aufgeht, worinnen alles Geheuere, ohne es meist je zu ahnen, selbst hängt, worinnen alles Geheuere zurückfällt. »**Tò δαιμόνιον**« ist das Wesen und der Wesensgrund des Un-geheuren. Es ist das, was sich in das Geheuere dargibt und in es hereinwest. Sich dargeben im Sinne des Weisenden und Zeigenden heißt griechisch **δαίω** – (**δαίοντε** – **δαίμονε**) [daio – daionte – daimone]. Das sind nicht ›Dämonen‹ als herumflatternde böse Geister, sondern die im voraus das Geheuere bestimmenden, aber dem Geheuren selbst nie entstammenden, in das Geheuere herein Winkenden und Zeigenden. »**Tò δαιμόνιον**«: das weisend im Geheuren sich Zeigende und in gewisser Weise deshalb auch wie das Geheuere überall Wesende, das gleichwohl niemals bloß Geheures ist [...] Wir finden schwer zu der griechischen Grunderfahrung hin, dass gerade das Geheuere selbst, und sogar nur es insofern es ist, das Ungeheure ist, dass das Ungeheure ›nur‹ in der Gestalt des Geheuren erscheint, weil das Un-geheure in das Geheuere hereinwinkt und im Geheuren das Winkende ist und solcher Art gleichsam wie das Geheuere selbst.« (GA 54, 151f.).

Die Dämonen des Parmenides legt Heidegger wie Hölderlins Engel als die Ein- oder (Be)stimmenden aus. Als die, welche Stimmungen initialisieren oder hervorrufen. Sie leiten die Störung, will heißen die Sage des Seins, weiter. Und bestimmen damit, wie der Anspruch, sozusagen die Stimmen des Seins oder der pränominale Logos (der kybernetische Lärm) vernommen und in eine (Grund)stimmung transformiert werden. Heidegger schreibt:

> »Die δαιμονε sind wesenhafter als jedes Seiende. Sie stimmen nicht nur die ›dämonischen‹ ›Dämonen‹ in die Stimmung des Grausigen und Furchtbaren, sondern sie bestimmen jede wesentliche Gestimmtheit von Ehrfurcht und Freude bis zur Trauer und zum Schrecken. Hierbei sind freilich diese ›Stimmungen‹ nicht als ›seelische Zustände‹ modern subjektiv zu deuten, sondern anfänglicher zu denken als die Gestimmtheiten, auf welche die lautlose Stimme des Wortes das Wesen des Menschen in seinen Bezug zum Sein stimmt.« (GA 54, 157)

Die »lautlose Stimme des Wortes« ist die Stimme des pränominalen und des pronominalen Logos, der Sage und der Rede, welche »das Wesen des Menschen in seinen Bezug zum Sein stimmt«. Dieses Stimmen ist ein physiologisches und autopoietisches Geschehen gerade auch im Sinne von Heideggers »Physis«. Es ist, um es neuhochdeutsch salopp auszudrücken, »Neuro Talk«.

Der Bezug zum Sein ergibt sich im Denken, im Verstehen. Dieses ist immer gestimmt. Schon in »Sein und Zeit« beschreibt Heidegger die Existenziale »Befindlichkeit« und »Verstehen« als »gleichursprünglich [...] konstitutive [...] Weisen« des Da, also der Erschlossenheit, der Offenheit des Menschen an sich selbst, für sich selbst für andere und anders Seiendes (SuZ, 133, 142). Stimmungen haben für Heidegger Leit- oder Eröffnungsfunktionen (vgl. im Folgenden GA 39, bs. 89f., 139ff.; BPh, § 6). Sie eröffnen den Bezirk, in dem sich unser Denken und Vorstellen abspielt und weisen ihm damit den Weg, be-wëgt es. Im Phasenraum des Geviert ist die Dimension der Göttlichen/Zukünftigen (die maßgebende Dimension) der Ort, von wo aus sie ihre Wirkung entfalten. Sie repräsentiert zugleich die Möglichkeit von Wahrheit und damit die Möglichkeit von Rationalität, von Denken und Verstehen. Letztlich ist dieses immer an ihr ausgerichtet, sie ist die uneinholbare Maßgabe unseres Sinnens und Trachtens und als die stets vorausgesetzte Möglichkeit der Grund unserer Rationalität, der Grund all unseres Begründens. Dieser Grund wird nicht besessen (eher können wir davon besessen sein, den Grund einzuholen, auszuloten oder wie Novalis' Jüngling zu Sais, der Wahrheit den Schleier zu entreißen). Doch in den jeweiligen Stimmungen wird ein Grund erahnt. Damit wird unserem Denken und Rationalisieren (Begründen) ein Weg gebahnt (es be-wëgt). Heidegger spricht von Grundstimmung, weil sie »gründend [...] das Dasein in seine Gründe und vor seine Abgründe (stellt)« (GA, 39, 141).

Die Heidegger-Parmenidische »Dämonologie« ist der von Foersters, eines der Gründungsväter der modernen Systemtheorie, nicht unähnlich. Von

Foerster ging es darum, zu beschreiben wie »die Wahrscheinlichkeitsverteilung der (Element-) Zustände des Systems« die Entropie dieses Systems verändert. Er stellt sich vor, dass das Anwachsen der Ordnung durch das Wirken eines »›internal demon‹« hervorgebracht wird, der »die Verknüpfung zwischen den Systemelementen ständig manipuliert«. Der innere Dämon kooperiert mit einem »›external demon‹«. Der innere Dämon ist für die innere Entropie H und der äußere Dämon für die Entropie H_m des Mediums, der Umwelt, in dem sich ein System befindet zuständig. Er ist der »Energielieferant«, für die Energie die der innere Dämon für den Aufbau und Erhalt der Ordnung des Systems benötigt. Der äußere Dämon repräsentiert die Randbedingungen des Systems, unter denen es sich selbst organisiert, während der innere Dämon für die »operationale Geschlossenheit der Systemprozesse [steht], die sich selbst (und damit H) kontrollieren«. Der innere Dämon wählt aus den Störungen (»noise«) durch die Umwelt die aus, die die Ordnung des Systems vergrößern (vgl. Paslack 1991, 140).

Sowohl von Foersters als auch Heideggers Dämonen sind für den inneren Zustand (gewissermaßen für die innere Sicherheit oder Unsicherheit) verantwortlich. Von Foersters innerer Dämon im Allgemeinen und Heideggers Dämonen bzw. die Stimmungen im Besonderen haben die von Ciompi so benannten und beschriebenen »komplexitätsreduzierende organisatorisch-integratorische Operatorwirkungen« (vgl. u.a. 1993; 1997, bs. 94–128, 49f.,86f., 99 u.a.O.; 1997a; vgl. 1998, 43–93; 1986; 2002). Nach Ciompi »mobilisieren und energetisieren (Affekte) unser Denken, [...] sie sind die essentiellen ›Motoren‹ (und manchmal auch Bremser) der kognitiven Dynamik«. Des weiteren »fokussieren [sie] die Aufmerksamkeit und Wahrnehmung selektiv auf bestimmte affektentsprechende Kognitionen« und »erzeugen eine affektspezifische kognitive Hierarchie«. Damit bewirken sie »eine selektive Speicherung und Aktivierung von ganz bestimmten Kognitionen im Gedächtnis«. Ciompi spricht von »zustandsabhängige[m] Lernen und Erinnern; Pforten- oder Schleusenwirkung der Affekte, ›gating‹ «. Nicht zuletzt verbinden Affekte »gleich oder ähnlich konnotierte Kognitionen kontextadäquat zu emotional einheitlich eingefärbten operationalen Ganzen« (1997a, S.130).

Die »Winke« oder »Weisungen«, der Engel und Dämonen, von denen Heidegger mit Hölderlin und Parmenides spricht, sind den »lebenswichtige[n] organisatorisch- integrative[n] Aufgaben« der Affekte (Ciompi 1997a,128) analog. Sie dienen »als biologisch wie sozial enorm wichtige und sinnvolle Komplexitätsreduktionen im unendlich vielfältigen kognitiven Feld. Erst sie selektieren, strukturieren, kombinieren und organisieren dieses Feld zustands- und kontextadäquat unter Verwendung der gesamten Erfahrung; erst die affektive Einfärbung von kognitiven Gestalten jeder Art und Dimension, von einzelnen Gegenständen, Personen oder Ideen bis zu ganzen Theorien und Ideologien verleiht unserem Denken Richtung und Bedeutung, schafft synchrone und diachrone Kohärenz, stiftet Wert und Sinn.« (Ciompi 1997a, 130)

So »verbindet und entwickelt sich« unser Denken »entlang von affektspezifischen ›Schienen‹ oder ›Leitplanken‹ «. Affekte wirken auf das Denken ganz ähnlich wie »Leim oder Bindegewebe« (ebd.). Die Stimmungen leimen die Welt als Bezugs- und Verweisungsganzes zusammen (vgl. Heidegger, GA 39, 140f.). Sie sind als Teil des Logos, auch ein Teil von dem was, wie Goethe so schön sagt, die Welt im Innersten zusammenhält. »Leim« oder »Bindegewebe« sind die Affekte nur in ihrem Zusammenhang und Zusammenspiel eines elementaren Verstehensprozesses, der zwar noch nicht im Bewusstsein reflektiert, gleichwohl aber selbstreflexiv, selbstähnlich und autopoietisch ist.

Merleau-Ponty hat dafür den Begriff »chair« (»Fleisch«) geprägt. Es ist das »Bindegewebe« (SU, 173) der Welt, dass den leib-seelisch-mentalen Zusammenhalt stiftet.

> »Das Fleisch ist nichts anderes als die Tatsache, dass zwischen dem Seelischen und dem Körperlichen, zwischen dem Subjekt und seinem Leib, zwischen ihm und der Welt, zwischen dem Selbst und dem Anderen eine Beziehung der Zirkularität und selbst der Reversibilität besteht.« (Madison 1986, 177; vgl. Bateson 1985)[37]

Ciompi spricht, sich auf Piaget beziehend, in vergleichbarer Weise von der »Reversibilität« des mentalen Geschehens auf Grund seiner elementaren Bipolarität, das »in der Möglichkeit der Rückkehr zum Ausgangspunkt und damit der Freiheit des Denkens (inkl. der Umwandlung von Diachronie in Synchronie – und umgekehrt)« zu suchen ist (1998, 66, vgl. 54ff., 60, 74, 83, 150ff. u.a.O.). Nach Heidegger besteht der Ur-Sprung aller Bipolarität oder Zwiefalt in der Aletheia-Struktur des Seins und des Logos, die letztlich dasselbe sind und aus diesem Zwiefalt heraus zusammengehören.

Die Zwiefalt oder Bipolarität kehrt in den Stimmungen auf Grund der Fraktalität und Selbstähnlichkeit allen Sein und der Zusammengehörigkeit aus dem Ur-Sprung und ihre Zurückgezogenheit in diesen als den Unter-Schied wieder. Heidegger spricht diesbezüglich mit Hölderlin von »Innigkeit« (vgl. u.a. Hw, 38; HEH, 171; UzS, 24; GA 39; 116ff.; GA, 52, 91). Und er schreibt:

> »[...] es muss überhaupt beachtet werden, dass im Wesen der Grundstimmungen gemäß ihrer Innigkeit die Gegenstimmung mitbeschlossen liegt [...] Dieses so im Widerstreit schwingende Stimmen ist der Charakter der Grundstimmung. Diese stimmt jeweils von Grund aus alle wesentlichen Stimmungen und bestimmt dazu je in der Weise deren Rang.« (GA 39, 148)

Von einer bipolaren oder zwiefältigen Grundstruktur nicht nur der Stimmungen, sondern allen Seins gehen nicht nur Heidegger, Ciompi, Freud oder Piaget, Heraklit, Derrida oder Lyotard etc. aus. Diese Vorstellung ist vermutlich so alt wie die Menschheit. Sie spricht sich in Mythen, Religion, Philosophie, Wissenschaft und Kunst aus und sedimentiert sich im Alltagsdenken der Menschen. Sie wird genährt von tiefsitzenden Ahnungen, denen noch unsere Einheits- und Verschmelzungssehnsüchte sowie unsere Sehnsucht nach Zusammengehörigkeit, aber auch unsere Sehnsucht nach Abgrenzung entspringen.

Auch die Ahnung denkt Heidegger als eine Grundstimmung (BPh, § 6), die uns vor unsere Gründe und Abgründe stellt (vgl. GA 39, 41). Der ur-sprüngliche Zwiefalt, die Differenz im Sein, der Unter-Schied ist der Ab-Grund, die Kluft, der wir in der Grundstimmung gewahr werden können, nicht nur in der Angst (vgl. u.a. SuZ §§ 40, 68b; WiM), sondern in jeder Grundstimmung. Die Not der Notlosigkeit besteht für Heidegger gerade darin, dass durch die Selbstentfremdung die Grundstimmung als das »Innestehen in den wesenhaften Widerstreiten ohne stimmende Kraft bleibt« (GA 39, 134). Sie besteht darin, dass wir den Ab-Grund nicht mehr gewahr werden (spüren) und ihn als Grund unseres Daseins nicht übernehmen (vgl. SuZ 284). Wesentlich ist nicht, in welcher Grundstimmung dies geschieht, sondern dass es überhaupt geschieht. Denn wenn es geschieht, dann nur aus einer tief empfundenen Grundstimmung heraus.

Die Grundstimmung ist für Heidegger nicht bloß der Leim in unserem physio-psychisch-mentalen Existieren, das, was eine bereits eröffnete Welt als die »Mannigfaltigkeit der wahrgenommenen Dinge« zusammenleimt, sondern ist »Welteröffnung«. Sie erschließt erst eine Welt als Bezugs- und Verweisungsganzes; denn eine Welt »ist das ursprüngliche und ureigene im voraus Offenbare, innerhalb dessen dies und das begegnen kann« (GA 39, 140f.). Die Stimmung ist ursprünglich erschließend und umfängt und durchstimmt das Ganze des Daseins als In-der-Welt-sein. Stimmungen eröffnen sozusagen den »logischen Raum« unseres physio-psychisch-mentalen Existierens. Ciompi schreibt:

> »In ihrer Gesamtheit bewirken und begründen die Affekte eine gesetzmäßige geregelte kognitive Dynamik, die einen mengenmathematischen Bewegungsspiel (Distanzierung oder Annäherung, Verknüpfung oder Trennung, Hierarchisierung, Überschneidung, Fokuserweiterung oder -verengung etc.) gleichkommt und sicher zu recht als ein Aspekt einer immanenten ›Logik der Affekte‹ betrachtet werden darf. Gleichzeitig ist damit eine spezifische ›Affektivität der Logik‹ impliziert.« (1997, 103)

Unsere Wirklichkeit als ein Seinsgefüge, ein äquilibriertes Gefüge von Relationen ist in sich immer mehr oder weniger stimmig. Manchmal aber stimmt überhaupt nichts mehr und es gerät aus den Fugen. Gleichwohl ist es stets das gestimmte und bestimmende Ganze unserer Befindlichkeit als ein sich Befinden in einer Wirklichkeit, in einem Bezugs- und Verweisungsgefüge. Ciompi beklagt, dass dieser »Aspekt der Wirklichkeitskonstruktion« in den »gängigen konstruktivistischen Theorien [...] praktisch unberücksichtigt bleibt« (104).

Die Affekte als ganzheitliche psycho-physische Gestimmtheiten[38] (vgl. 66ff.) bestimmen und durchstimmen unser ganzes In-der-Welt-sein. Sie sind der »tragende Untergrund« und von »relative[r] ›Invarianz‹, auf welche sich die kognitiv denkerische ›Varianz‹ aufpropft« (Ciompi 1998, 82). Daher können wir auch »immer nur in einer affektiven Grundstimmung sein [...], so subtil gemischt und von Erinnerungen an andere Gefühle durchzogen diese auch anmuten mag« (1997, 69). Deshalb kann eine Grundstimmung nur, wie Heidegger schreibt, »durch eine Gegenstimmung umgestimmt werden«. Eine solche »Umstimmung von Grund auf vermag nur eine Grundstimmung zu bewirken«. Eine Umstimmung aber kommt »einem Wandel des Daseins« gleich, einer gänzlichen Umschaffung der Ausgesetztheit in das Seiende« (GA 39, 142). Ciompi spricht diesbezüglich von einer »globalen Veränderung des Bewusstseinszustandes«. Die »unterschiedliche[n] Affektzustände« können »als globale unterschwellige Bewusstseinsveränderungen mit je spezifischen Formen der Wahrnehmung des Denkens und Verhaltens verstanden werden« (1997, 69).

9 Die Logik der Affekte, die fatale Fraktalität des Seins oder wie wirklich ist die Wirklichkeit nun wirklich?

9 DIE LOGIK DER AFFEKTE, DIE FATALE FRAKTALITÄT DES SEINS ODER WIE WIRKLICH IST DIE WIRKLICHKEIT NUN WIRKLICH?

Dass die Affekte nicht gänzlich irrational, unvernünftig und unlogisch sind, haben Menschen wohl schon immer gewusst. Auch in der Philosophie ist nie oder selten ernsthaft behauptet worden, dass Gefühle absolut irrational sind. Affekte galten meist nur insofern als unvernünftig, als sie ein unbewusstes, nicht im Bewusstsein reflektiertes und bewusst erkanntes Wissen, also unbewusste gleichwohl sinnhafte Zusammenhänge stiften. Diese Fähigkeit ist unterschiedlich gewichtet und beschrieben worden.[39] Sowohl Heidegger als auch Ciompi sehen gerade in dieser Fähigkeit, das in der Tat (nämlich aus der Aktion, um mit Piaget und Ciompi, oder der Be-wëgung, um mit Heidegger zusprechen) Grundlegende der Affekte oder Stimmungen. Es ist nicht nur so, dass es kein Denken oder Erkennen ohne Fühlen gibt, und Affekte im individuellen wie im sozialen Zusammenhang Orientierungs- und Leitfunktion haben,[40] Zusammenhang und Zusammenhalt stiftend,[41] und insofern rational sind (vgl. etwa de Sousa, 1997). Affekte legen den Grund, auf dem alles Begründen erst anheben und sich als Vernunft/Ratio erheben kann. Sie sind ein Vermögen, eine Kraft im Sinne von Dynamis/Potentia Verhältnisse, Beziehungen, Relationen herzustellen, auch Verhältnisse von Verhältnissen, noch bevor sie von unseren Kognitionen erfasst und ins Bewusstsein her-gestellt werden.

Für Heidegger ist das Dasein in das Nichts hinein gehalten und in diesem Sinne ek-sistent. Das Nichts ist aber nichts anderes als das Seyn, also das Sein selbst (vgl. WiM). Es ist gewissermaßen der absolute Logos, das Chaos, die Chora als das »Verhältnis aller Verhältnisse« und die »Ortschaft aller Orte und Zeit-Spiel-Räume«. Es ist die Wirklichkeit selbst, in die der Mensch hinein ragt. »Wirklichkeit« ist keine Sache, »Wirklichkeit« ist ein Geschehen. Sie ist Tätigkeit, Wirksamkeit, Energeia, das, was wirkt. Die Sensoren des Menschen vernehmen, hören, entsprechen dem, was da auf sie einwirkt, den Störungen oder Perturbationen. In diesem Sinne ist der Mensch ein »Sensor der Wirklichkeit« (Ciompi, 1997, 35). »Perturbatio« oder »Perturbationes« ist eine lateinische Entsprechung zu Pathe. »Perturbatio« bedeutet neben Verwirrung, Unordnung, Störung, Erregung etc. auch Leidenschaft. Die »Perturbationes« als der Anspruch (Störung) durch die Sage des Seins, sind sozusagen die Verwirrungen, die (Ver/Zer)störungen, die das Chaos, im Sinne von Hölderlins »Wirrnis« anrichtet, bewirkt oder die Entropie im Sinne von

Unordnung als absoluter Komplexität, als der Entropie des Mediums H_m (von Foerster). In ihrer Komplexität reduziert und dem immanenten Logos des Menschen entsprechend transformiert oder übersetzt, werden die Perturbationes zu Leidenschaften. Und die können mehr oder weniger störend sein und uns in Verwirrung stürzen, und in diesem Sinne können sie sich nicht nur orientierend, sondern auch desorientierend auswirken, das letztere nur auf Grund ihrer Orientierungs- und Leitfunktion. Hätten sie diese nicht, ließen wir uns auch nicht durch sie verführen.
Die Affekte oder Stimmungen sind maßgeblich daran beteiligt, was für uns zur Wirklichkeit wird, wie sich Wirklichkeit für uns konstituiert als Bezugs- und Verweisungsgefüge, innerhalb dessen die Dinge als das, was uns angeht und die Weise, wie sie uns angehen und wie wir uns von ihnen angehen lassen, be- und ge-stimmt werden. In diese Konstituierung von Wirklichkeit sind wir verwickelt, weil wir in das Sein im Sinne des Chaos verwickelt sind. Wir und unsere Wirklichkeit sind selbst nur Systeme im Sinne von Wirkgefügen im großen, selbstähnlichen, fraktgenen Gefüge von Gefügen einer absoluten Wirklichkeit als dem »Verhältnis aller Verhältnisse«, dem Chaos oder der Chora als der »Ortschaft aller Orte und Zeit-Spiel-Räume«. In diese Ortschaft sind wir hineingehalten, ek-sistent und sind in einer besonderen oder eigentümlichen Weise »Sensor der Wirklichkeit«. Ciompi hat recht, wenn er schreibt, das »nicht nur der Mensch, sondern jedes Lebewesen, ja überhaupt alles, was ist, […] sowohl Zeichen oder Indikator wie auch ›Sensor‹ für ›das, was wirkt‹, für die Wirklichkeit« ist (1997, 35). Aber der Mensch ist dies in einer Weise, die ihn von den anderen Lebewesen und allem, was wir kennen, unterscheidet. Er ist, als einer, der in das »Sichentziehende«, das Chaos zeigt, ein Zeichen (vgl. VA, 128ff.; Nunold 2003, 117–127). Er ist ein Zeichen für sich selbst innerhalb einer Welt als Bezugs- und Verweisungszusammenhangs. Nur innerhalb einer Welt sind wir uns selbst und die anderen Lebewesen und alles, was innerweltlich begegnen kann, Zeichen. Nur der Mensch hat eine Welt und insofern der Mensch eine Welt hat – und in dieser Welt gibt es nichts, was nicht Zeichen ist –, in deren Her-vor-bringung er verwickelt ist, macht es Sinn davon zu sprechen, dass alles, was ist, Zeichen, Indikator, Sensor der Wirklichkeit ist. Es ist all dies immer nur für uns, wenigstens soweit wir wissen (vgl. u.a. Heidegger, Hum, 14–19).
Wir sind nicht nur Sensoren oder die, welche in das »Sichentziehende weisen« (Heidegger VA, 129), in das Seyn als absoluter Wirklichkeit und Mitkonstituenten einer Wirklichkeit für uns, sondern selbst Wirklichkeit ein Teil der absoluten Wirklichkeit und »Mitwirkende[.]« (Ciompi 1997, 36). Unser

Denken und Handeln, Tun und Unterlassen sind im Sinne Heideggers Antworten auf das, was wir als Zuspruch der Sage des Seins (der Störungen, dem kybernetischen Lärm) vernommen, gehört und wie wir dem Gehörten entsprochen haben werden (vgl. Ciompi, 1997, 36). Damit sind wir selbst wieder Teil der Sage des Sein und letztlich Störungen, kybernetischer Lärm für uns selbst und anderes Seiendes, andere Systeme. Das Zusammenspiel von Zuspruch und Entsprechung ist gewissermaßen das »transzendentale Sprachspiel« (ein Begriff von K.O. Apel), in das wir als »Mitspieler« (Ciompi 1997, 36) verwickelt sind. Heidegger zitiert Hölderlin:

> »Seit ein Gespräch wir sind/Und Hören können von einander.« (EHD, 33, 39f.; GA. 39, 68ff.; vgl. Guzzoni 1980, Kettering 1987, 348ff.).

Wir sind »ein Sprachgeschehnis« (GA 39, 69), salopp gesagt »Neuro Talk« und zugleich in dieses Geschehen verwickelt. Nur insofern sind wir »zoon logon echon«. Und nur insofern können wir von einander hören, einander zuhören oder eben weghören oder uns verhören, können wir gehorchen oder nicht gehorchen. Können wir miteinander sprechen, im Dialog stehen, können wir schwatzen und andere beschwatzen usw. Und nur deshalb macht es Sinn, von einer Kommunikationsgemeinschaft oder von kommunikativem Handeln (Habermas) zu sprechen.

Das »transzendentale Sprachspiel« oder »Sprachgeschehnis« kann nicht hintergangen, gleichwohl kritisch rekonstruiert werden. Wir tragen Verantwortung für das, was wir und wie wir etwas Hören und für unsere Entsprechungen und Antworten »für die »(komplexitätsreduzierende) ›Selektionen des Relevanten‹ «. Dieser Verantwortung haben wir uns zu stellen und sie zu übernehmen.[42] Auch für Ciompi »klingt deshalb immer zugleich auch das Motiv der Verantwortung für unsere Wirklichkeitskonstrukte mit an« (1997, 36). Für Heidegger heißt Verantwortung übernehmen, das eigene Grundsein zu übernehmen, im Sinne von eigener Grund und Grund für die komplexitätsreduzierenden Selektionen zu sein, für all das, was wir bewirken oder auch verwirken, für unser Denken, Fühlen, Tun und Lassen, für unsere Taten und Untaten (vgl. SuZ, §§ 54–60). »Grundsein« besagt für Heidegger stets auch, »des eigensten Seins vom Grund auf nie mächtig sein« (SuZ, 284). Wir existieren aus einem für uns uneinholbaren und unauslotbaren Ab-Grund heraus, indem wir in ihn hinein oder hinausragen (ek-sistieren), hineingehalten sind (vgl. WiM) als »Sensor der Wirklichkeit«. Dieser Ab-Grund ist der Ur-Sprung unseres Grund-sein-könnens, die Kluft, das Klaffende selbst, das Chaos oder die Chora als das »Verhältnis aller Verhältnisse« und »die Ortschaft aller Orte und Zeit-Spiel-Räume«. Verantwortung übernehmen bedeutet demnach nicht nur, die Verantwortung zu übernehmen für uns selbst, unsere Taten und Untaten (was ja schon sehr viel ist), sondern ebenfalls für das, was bei unseren komplexitätsreduzierenden Selektionen sozusagen »unter den Tisch des Seins fällt« und keinen »Einlaß« erhält in unsere Wirklichkeit. In diesem Sinne tragen wir nicht nur Schuld für das, was ist, sondern auch für das, was für uns nicht ist. Wir schulden den Dingen für uns, ihr An-sich. Es handelt sich gewissermaßen um eine »Unterlassungssünde«. Die Übernahme des eigenen Grundseins heißt auch, eingedenk zu sein, dass wir eben des eigenen Grundes nie mächtig sind. Das Grund-sein-können ist ein Vermögen im Sinne der Dynamis, aber nicht im Sinne von Macht. Im Begriff der »Dynamis« ist gerade das Von-Grund-auf-nicht-mächtig-sein des eigensten Seins mit gedacht. Es bedeutet ein Vermögend-sein nicht aus sich selbst, sondern aus oder von einem anderen her (vgl. Aristoteles, Met. Δ 12).

An der Konstituierung unseres Grundes und an unseren Grundlegungen und Begründungen sind die Stimmungen in der Tat *grundlegend* beteiligt. Rationalität, die ihrer ur-sprünglichen Begrenztheit und Endlichkeit nicht Rechnung trägt, schlägt in Wahnsinn um und halluziniert Omnipotenz und Seinsmächtigkeit.[43] In diesem Sinne sind unsere Begründungszusammenhänge, unsere Rationalisierungen »Schuldzusammenhänge«.

Unser physio-psychisch-mentales Existieren ist ein Fraktal aus dem Ereignis des Ur-Sprungs, des Zerspringen oder Aufklaffen des Seyns, in sich unendlich gebrochen und zerbrechlich, auch in dem Sinne, dass Störungen unter Umständen nicht mehr integriert werden können und es verstören oder gar zerstören. Das Seyn, als das »Verhältnis aller Verhältnisse« ist unendlich fraktal oder fraktgen, in sich aber endlich und begrenzt. Strukturen entstehen, grenzen sich ein und ab gegen andere Strukturen, vergehen und lösen sich auf. Heidegger denkt die Endlichkeit des Seins integriert in ein »un-endlich zueinander gehören« und zwar in das, wie er mit Hölderlin sagt, »zartere unendliche Verhältniß« (HEH, 163). Dieses unendliche Verhältnis ist das »Verhältnis aller Verhältnisse« und es wird »regiert« und zusammengehalten durch das »schlichteste und sanfteste aller Gesetze« (UzS, 259). Unter »Gesetz« versteht Heidegger »die Versammlung [Logos] dessen, was jegliches in seinem Eigenen anwesen, in sein gehöriges gehören läßt« (ebd.). Als solches ist es das Gesetz der Endlichkeit des Seins. »Endlichkeit« besagt für Heidegger Eingegrenztheit in sein Eigenes und so ihm Eigentümliches (vgl. SdD 23,

58). Das Gesetz der Endlichkeit des Seins ist das Ereignis (vgl. u.a. UzS, 259f.), der Ur-Sprung der Zerklüftung des Seyns, der Ur-Sprung des ganzen unendlichen Verhältnisses, des Chaos, der Chora als des ganzen unendlichen Komplexitätsraumes. Und es wird aus diesem Ur-Sprung als der »Mitte« des ganzen unendlichen Verhältnisses zusammengehalten (vgl. u.a. HEH, 163, 171). Die Mitte ist das »Offene«, dass die »Bezüge«, die Relationen des »Wirklichen« vermittelt (EHD, 61). Sie ist der »alles versammelnde« und in sofern logische »An-fang« (171) des ganzen großen unendlichen Zusammenhangs. Für Hölderlin, auf den Heidegger sich bezieht, ist die »strenge Mittelbarkeit [...] das Gesez«. Sie ist das »veste Gesez« des Chaos. (61f.). Beide denken Chaos und Gesetz (Nomos) zusammen. »En Arche en o Logos« heißt es zu Beginn des Johannesevangeliums, »Im Anfang war der Logos«, die absolute Verhältnishaftigkeit. Und »Arche« meint eben nicht bloß Anfang, sondern auch Herrschaft. Sie ist das, was im Chaos regiert, seine immanente Gesetzhaftigkeit. Für Heidegger stehen Chaos und Gesetz in keinem Gegensatz, auch wenn er nicht von einem deterministischen Chaos spricht. Das Gesetz des Chaos ist das Gesetz der Endlichkeit des Seins. Es ist ein sanftes aber festes, unumstößliches Gesetz. Es ist Naturgesetz, das Gesetz der Physis. Durch es waltet die Natur als Chaos, in dem und aus dem alles wird und vergeht. Es ist die Arche, der Ur-Sprung und die Herrschaft der Natur:

> »Kein Wirkliches geht dieser Aufklaffung vorher, sondern geht stets nur in sie ein. Jedes Erscheinende ist schon jedesmal von ihr überholt. Allem und über alles voraus ist die Natur »wie einst«. Sie ist das Einzige in einem doppelten Sinne. Sie ist das allem Vormaligen Älteste und das allem Nachmaligen Jüngste. Indem die Natur erwacht, kommt ihr Kommen als das Künftigste aus dem ältesten Gewesenen, das nie veraltet, weil es das Jüngste ist.« (EHD, 63)

Heidegger bezeichnet die Arche der Natur, wieder Bezug nehmend auf Hölderlin, als das »große Geschick« (HEH, 165ff.). »Ge-» ist Heideggers Versammlungssilbe (vgl. TK, 19). Das große Geschick, die Moira (vgl. VA, 223–248, Hw, 324f.) oder das Fatum ist der Logos des ganzen unendlichen Verhältnisses, des Chaos. Es ist das, was »weist und schickt, wohin Jegliches nach seinem Wesen gebraucht ist« (HEH, 167). Die Weisungen aber sind die Gesetze, die Nomoi des Chaos, der Natur, denen nicht nur die Erde nachgeht (ebd., vgl. Hw, 296–343). Ihren Ausdruck finden die Gesetze in der Phasis, Heideggers Sage des Seins. Hier kommen sie zwar nicht selbst zum Vorschein, aber sie bringen zum Vorschein – auf Grund der Aletheia-

Struktur allen Seins – in den einzelnen Zuständen, den Phasen der unterschiedlichen Naturerscheinungen (vgl. VA, 235–248).
Letztlich sind unsere Stimmungen, unsere Gemütszustände Phasen des Seyns. Im Phasenraum werden sie transformiert zu oder übersetzt in Zustände/n unseres Daseins als physio-psychisch-mentales Existieren. Heidegger weißt an vielen Stellen darauf hin, dass Stimmungen nichts bloß subjektives sind, sondern wir ur-sprünglich mit dem Seienden in Stimmung versetzt sind (vgl. u.a. GA., 32, 89f.). D.h. nicht – und hier darf Heidegger nicht missverstanden werden und hier sollten aus der Chaos- und Systemtheorie, dem Konstruktivismus oder einem eliminativen Materialismus keine voreiligen Schlüsse gezogen werden –, dass wir Menschen und die gesamte Natur vollständig determiniert sind und es keine Freiheit und keine Willensfreiheit gibt oder dass es sich dabei bloß um fiktive Konstrukte oder um Epiphänomene handelt.[44] Ich möchte versuchen, eine Möglichkeit des Verstehens von Freiheit anzudeuten, ohne die ganze Problematik in diesem Rahmen von Grund auf darstellen zu können.
Wird von dem Prinzip der kausalen Geschlossenheit der physischen Welt ausgegangen, dann scheint die »Intuition« der eliminativen Materialisten, dass bewusste Phänomene wie Freude, Hass, Trauer, Stolz, Würde oder auch Intuition, Glauben, Meinen, Wissen, Schmerz, Hitze-, Wärme- oder Kältegefühle usw. vorwissenschaftliche Theorien, also Irrtümer der Alltagspsychologie sind, ebenso wie das Wollen und die Willensfreiheit, auf die wir Menschen uns so viel einbilden (»Einbilden« müsste ebenfalls in die Liste der alltagspsychologischen Irrtümer aufgenommen werden, ebenso wie »Irren«). In einer kausalgeschlossenen physikalischen Welt, und wir kennen keine andere, scheint Freiheit ein Problem schlechter Metaphysik zu sein, und Menschen haben zu allen Zeiten einem alltagspsychologischen Hirngespinst nachgejagt, haben um es gekämpft und sind für es gestorben oder haben sogar unter einer »eingebildeten« Unfreiheit »gelitten« (die Alltagspsychologie scheint also ein ziemlicher Selbstgänger zu sein).
Physis, so wurde oben ausgeführt, meint nicht nur ein Sich-selbst-her-vor-bringen und sich in diesem Hervorbringen (er)halten, sondern ebenso die »Verfügung über sich selbst« (Wm, 296), »Autonomie«: ein »Aus-sich-selbst-für-sich-selbst-sein«. Das Aus-sich-selbst-für-sich-selbst-sein bildet das physio-logische Fundament der Freiheit. Sind wir, wie oben beschrieben, komplizierte Systeme mit internalisierter Emergenz, könnte Freiheit als Antimorphismus einer basalen (System)autonomie verstanden werden. Vielleicht wäre es besser, nicht von einer kausalen Geschlossenheit der physikalischen Welt, sondern von der

kausalen Geschlossenheit der Physis zu sprechen. Ist z.B. der Wille ein übergeordneter Affekt, eine »übergeordnete ›affektive Regulation von Regulationen‹« wie Ciompi sich auf Piaget beziehend meint (Ciompi 1997, 87; Piaget 1981;1995) und letztlich eine Phase, ein Zustand xy des Systems, dann ist auch das mehr oder weniger ausgeprägte Bewusstwerden von Wünschen usw. Phasis, also Sage des Seins, ebenso wie unsere Entscheidungen. Die Physis ist nicht bloß kausal geschlossen, sondern ebenso autopoietisch und selbstähnlich. »Kausal geschlossen« bedeutet nicht notwendiger Weise determiniert, sondern nur, dass nichts Nicht-Physisches auf es einwirken und Reaktionen her-vor-*rufen* kann. Um dies zu vermögen, muss es selbst Phasis, Sage des Seins, eben physio-logisch sein. Aber dann gibt es auch nichts was nicht physisch ist, zumindest könnten wir davon keine Notiz nehmen.

Insofern können Gründe Ursachen sein, weil Einen-Grund-haben-xy-zu-tun ein physio-logischer Systemzustand, -modus oder -phase ist. Auch wenn das bewusste Einen-Grund-haben »bloß« eine antimorphe Translation eines neuronalen Zustandes a und selbst ein neuronaler Zustand a' ist, scheint mir gerade wegen seiner auf dem Antimorphismus basierenden Nichtreduzierbarkeit, eben wegen jenem phänomenalen Mehr, keine Notwendigkeit zu bestehen, ihn begrifflich zu eliminieren. Wenn ich den Begriff »Einen-Grund-haben« durch »Im-Zustand-a-sein« ersetzte, ist dann der neuronale Zustand 1: »Ich-bin-im-Zustand-a« identisch mit 2: »Ich-habe-einen-Grund«?

Wenn ja, stellt sich die Frage, warum ich den zu 2. gehörenden Begriff zu Gunsten des zu 1. gehörenden eliminieren soll, bietet der Begriff »Einen-Grund-haben« allein schon für eine Argumentation mehr Anschlussmöglichkeiten und verschleiert nicht die Eigenverantwortlichkeit. Zu sagen »ich handelte so, weil ich im Zustand a war«, verdeckt gerade die Eigenverantwortlichkeit. Zu sagen »Ich handelte so, weil ich einen Grund hatte«, lässt sie durchscheinen. Oder ist Eigenverantwortung auch etwas zu Eliminierendes? Sind aber 1: »Ich bin in Zustand a« und 2: »Ich habe einen Grund« zwei unterschiedliche neuronale Zustände, dann scheint es mir noch widersinniger, warum wir freiwillig physisch, psychisch, begrifflich, mental und letztlich auch moralisch verarmen sollten. (Aber wenn wir den Begriff »freiwillig« eliminiert haben, ebenso wie »einen-Grund-haben«, dann können wir auch keine blöden Fragen nach dem Warum mehr stellen. – Praktisch, das erleichtert das Leben kolossal.) Mit Phänomenen wie »Liebe«, »Hass«, »Freude«, »Meinen«, »Glauben« usw. verhält sich analog.

Oben wurde mit Heidegger und Hölderlin gesagt, das große Geschick, das Fatum sei der Logos des Chaos, sozusagen der Ur-Sprung des ganzen Verhängnisses. »Logos« heißt (Ver)sammeln und zueinander ins Verhältnis setzen. Dies kann auf die unterschiedlichsten Arten und Weisen geschehen und hängt von den unterschiedlichen Logoi, den Verhältnissen der unterschiedlichen Systeme ab. Das Seyn ist ur-sprünglich, sozusagen archaischer Weise – aus der Arche her als dem Fatum[45] – zersprungen, zerbrochen, zerklüftet, eben fatal fraktal oder fraktgen. Oben wurde ebenfalls dargestellt, dass das Dasein der Menschen, ihre Erschlossenheit darin besteht, dass sie in das Offene, das Nichts als das Seyn, das Chaos, die absolute Wirklichkeit als Sensoren dieser Wirklichkeit hinein reichen (ek-sistieren im Sinne Heideggers). Sie wird ihnen zur offenen Stelle, zur Lichtung (Verbalsubstantiv), zum Freiraum. In diesem Sinne sind die Menschen immer schon in der Freiheit (vgl. Heidegger, WW). Und es wurde ausgeführt, dass das Seyn, die Physis, die Natur ur-sprünglich autopoietisch ist. Zum Geschick, zum Fatum gehört die »Verfügung über sich selbst« (Wm, 296), die Autonomie als ein Aus-sich-selbst-für-sich-selbst-sein. Im Sein des Dasein kommt das Sein aus sich selbst zu sich selbst, wenn auch nur in endlicher Weise. Das Fatum, das Verhängnis ist auch das Gesetz der Endlichkeit des Seins. Darin gründet unsere Selbstgegebenheit, unser Selbstbewusstsein und unsere Freiheit.

Heideggers Topologie des Seins kann als eine Emergenztheorie des Seins gelesen werden. Unser physio-psychisch-mentales Existieren ist zwar emergent gegenüber ihrem Grund, aber nicht unabhängig von ihm. Wir Menschen besitzen keine Macht über ihn, können zwar aus ihm heraus, aber ausschließlich in den von ihm gesetzten oder innerhalb der gewiesenen Grenzen frei verfügen, nicht nur über uns selbst. In diesem Sinne ist Freiheit unser Schicksal und unser Verhängnis. Deshalb müssen wir die Verantwortung für unser Grund-sein übernehmen. Deshalb müssen wir uns, wie Kant es forderte, selbst die Gesetze geben und zwar freiwillig, autonom, nicht heteronom geben lassen. Der Prozess der Aufklärung ist auch ein Prozess hin zur Übernahme oder Annahme der Autonomie, der Freiheit des Menschen und weg von der Fremdherrschaft, der Heteronomie durch wen oder was auch immer – Selbstbestimmung statt Fremdbestimmung.

In dieser freiwilligen Übernahme der Verantwortung sieht Kant die Würde des Menschen, die in seiner Autonomie gründet (GMS, BA 79) und gerade auch darin besteht, die Freiheit des anderen zu achten. Den selbst gegebenen Gesetzen sollte entsprechend nicht nur die Freiheit zu Grunde liegen, sondern sie sollen die Freiheit aller begründen und gewährleisten. Freiheit bedeutet

stets auch die Freiheit des Anderen. Das Freiheit nicht vollständige Gesetzlosigkeit bedeutet, zeigt sich schon daran, dass wir unsere freien Entscheidungen begründen können müssen und es zumeist auch können. Wir suchen sonst nach uns unbewussten Gründen. Gesetzhaftigkeit bedeutet nicht totale Determiniertheit, etwa im Sinne der Kausalgesetze der klassischen Physik. Es bedeutet nur, dass etwas in sich logisch ist, einem bestimmten Logos folgt. Dieser aber lässt sich wenigsten teilweise transparent machen und wählen. Entscheidungen, die wir nicht begründen können, gelten als irrational, als unlogisch. Ein Grund kann auch sein, dass ich zu etwas Lust oder keine Lust habe. Einen Grund haben bedeutet noch nicht, dass dieser Grund auch ethisch vertretbar ist. Das Problem der Ethikbegründung hebt hier an, als ein Fundamentalproblem der notwendigen also aus der Not gewendeten Gesetzgebung aus Freiheit. Da wir aber über unseren Grund aus dem wir Existieren nie verfügen können, er für uns wohl auf ewig unvordenklich und epistemisch opak bleibt, erledigt sich das Problem der Letztbegründung von allein. Unsere Gesetze basieren besten Falls auf »mittleren ethischen Prinzipien« (»Axiomata Media«), die während der Sozialisation erworben und emotional gefestigt werden und von möglichst vielen Menschen der menschlichen Gemeinschaft vertreten und in einer rationalen Argumentation dargelegt werden können müssen. »Rational« meint, wie oben dargelegt, keines Wegs emotionslos. (vgl. Horster 1995, 19 ff, 112f.).[46]
Dass unsere Gefühle für eine gelingende Moralität nicht nur hilfreich sind, sondern begründend und grundlegend, dass sie auch in ethischer Hinsicht Orientierungs- und Leitfunktionen haben, ist vielen Philosophen nicht verborgen geblieben – nicht bloß Aristoteles und Hutcheson (vgl. etwa Meier-Seethaler, 1998, Horster 1999, 476–486) – und ergibt sich aus der oben erörterten Logik der Affekte. Emotionalität und Rationalität sind keine sich gegenseitig ausschließenden Widersprüche. In Vorwürfen, die sich vor allem Frauen gefallen lassen müssen, wie »wir sollten uns in unseren Entscheidungen nicht von Gefühlen, sondern von der Vernunft leiten lassen« (»Sei doch nicht so emotional!«), wird verlangt, auf ein wesentliches und grundlegendes Moment von Rationalität zu verzichten, auf die Gründungs-, Orientierungs- und Leitfunktion von Affekten. Völlige Freiheit von Gefühlen gibt es nicht. Jede Entscheidung wird durch emotionale Anteile getragen. Auch die coolsten Typen sind in ihren Entscheidungen nicht emotionslos. Es ist allerdings möglich und nur zu oft wirklich, die affektiven Fähigkeiten verkümmern zu lassen. Emotionale Verarmung, Verwahrlosung und Verrohung sind ein soziales und gesellschaftliches Problem, dass ungeheure Gefahrenpotentiale

birgt. So führt schon Kant in der »Metaphysik der Sitten« lang und breit aus, dass die Kultivierung und Vervollkommnung unseres Empfindungsvermögens als Teil der sittlichen Vervollkommnung zu den Pflichten des Menschen gegen sich selbst gehört. Und die resultieren aus der Autonomie des Menschen als Grund seiner Würde. Eine Gesellschaft, die dafür keine Sorge trägt, stumpft ab und verroht, und ist letztlich nicht mehr fähig, verantwortungsvoll zu handeln, Nachsicht, Vorsicht und Voraussicht walten zu lassen. Günther Anders stellt entsprechend fest, dass wir erst das Fühlen lernen müssen (vgl. I, 271ff.):

> »Denn Wissen ist der schwächste Modus der Teilnahme, den es gibt, es ist eine Teilnahme, die über die Nicht-Teilnahme kaum hinausragt. ›Was ich nur weiß, macht mich nicht heiß.‹ « (1979, 201).

Wir sind ständig genötigt, Entscheidungen zu treffen. Bewusst wird uns dies erst, wenn wir eine in der einen oder anderen Hinsicht schwere Entscheidung treffen müssen. Es ist nicht nur so, dass der, der die Wahl hat, auch die Qual hat. Gerade in schwierigen oder sogenannten Grenz- oder Krisensituationen sind wir genötigt, Entscheidungen zu treffen, ohne die Situation genügend zu durchschauen, ohne ausreichende entscheidungsrelevante Informationen. Die Situation ist für uns unüberschaubar komplex, chaotisch. Manchmal tun wir dann, wie es so schön heißt, »instinktiv das Richtige«. Wir haben uns in diesem Fall auf unser Gefühl verlassen. Das ist jetzt keine Handlungsanleitung für schwierige Entscheidungen, stets sozusagen »aus dem Bauch heraus« zu handeln und den »Kopf abzuschalten«. Nur was drängt uns zur einen oder anderen Entscheidung? Fakten? Selbst wenn wir genügend zur Verfügung haben, alle besitzen wir ohnehin nie. Fakten lassen sich unterschiedlich interpretieren. Die Logik nach der Fakten ge- und versammelt und zueinander in Beziehung gesetzt werden können, ist zwar nicht beliebig aber doch unterschiedlich genug, dass verschiedene Menschen zu verschiedenen Lösungen kommen können. Die Orientierungs- und Leitfunktion unserer Gefühle leistet uns hier zumeist gute Dienste. Gleichwohl gibt es Situationen, die für uns so neu und komplex sind, dass auch sie davor versagen. Welche Entscheidung wir dann treffen ist nicht nur für andere, sondern auch für uns in keiner Weise mehr voraussehbar. Wir sind dann, chaostheoretisch betrachtet, in einer Situation fern vom alltäglichen Gleichgewicht. Wir sind dann selbst, wie es so treffend heißt »aus dem Gleichgewicht geraten« und stehen an »Rande des Zusammenbruchs«, des Zusammenbruch von Ordnung, von für uns überschaubaren Verhältnissen, der auch unser inneres Gleichgewicht aus den Fugen geraten lässt und uns wo möglich zu für andere, aber auch für uns chaotischen, unvorhersehbaren Verhaltensweisen verleitet. Denn Ausschlag für eine Entscheidung, sich so oder so zu verhalten, gibt dann meist ein winziges Moment. Oft können wir später nicht mehr genau sagen, was es war oder warum genau dieser kleine Anlass ausschlaggebend war. Aber dieses »Tüpfelchen auf den i« hat dazu geführt, dass sich alles verändert. Unter diversen Entscheidungsmöglichkeiten, die uns nicht mal alle gegenwärtig sein müssen, haben wir uns bewusst oder unbewusst für eine entschieden. Jede Entscheidung ist immer Entscheidung für oder gegen etwas. »Entweder – oder« wie Kiekgegaard sagt. Chaostheoretisch betrachtet, handelt es sich um eine Bifurkation (Verzweigung). Eine beliebige und womöglich winzige Störung oder Fluktuation, sorgt dafür, wenn die Instabilität eines Systems ein kritisches Maß erreicht hat, eine neue Entwicklung herbeizuführen. Das beobachtbare makroskopische Verhalten eines Systems verändert sich drastisch. Es springt in einen anderen Zustand, in eine andere Phase. Jetzt mag es sich wieder stabilisieren. Die Phase dauert eben bis zum nächsten Phasensprung.[47] Im Kleinen wie im Großen lassen sich dieselben Verzweigungsstrukturen nachweisen. Es handelt sich um Entwicklungsmöglichkeiten, die sich graphisch als kaskadenartig darstellen. Es handelt sich bei diesen dynamischen Prozessen um maßstabsunabhängige Selbstähnlichkeiten. Egal wie chaotisch (und das ist jetzt *nicht* rein metaphorisch gemeint) es bei Entscheidungsprozessen zugeht, die Verantwortung tragen wir, selbst wenn der Grund und die Gründe uns opak bleiben.

Noch Heideggers geforderter und ersehnter »Sprung« (vgl. u.a. BPh, IV) in einen anderen Anfang und in ein anderes Chaos, was natürlich immer relativ zum absoluten Chaos des Seyns, der Natur selbst zu verstehen ist, wird vermutlich die beschriebene Selbstähnlichkeit wiederholen und zwar auf Grund der ur-sprünglichen Fraktgenität und Fraktalität des Seins selbst. Es wird sich um einen Phasensprung handeln, um einen Sprung in eine andere Phase der Seinsgeschichte, in der sich dann wieder diverse Entwicklungsmöglichkeiten ergeben. In diesem Sinne sind wir, gleich welche Wirren vorausgehen, ebenso verantwortlich für unsere Geschichte, wie die Wirren aus denen eine tatsächlich oder vermeintlich neue Zeit entsteht. Geschichte begreift Heidegger aus dem Geschick, aus dem Seinsgeschick. Dieses Geschick ist nichts anderes als die ur-sprüngliche Fraktgenität und Fraktalität des Seins selbst. Das Seyn ist zwar fatal fraktal, aber kein blindes Geschick, kein blindes Fatum. Es hat nichts mit kausaler Determination oder Prädestination zu tun.

Es ist in der Tat, in der Be-wëgung, ein schlichtes und sanftes aber festes Gesetz. Heideggers Gesetzesbegriff impliziert nicht die Entstehung von Ordnung aus universalen und allgemeingültigen Gesetzen (Gesetzesdeterminismus). Ordnung ist keine determinierte Struktur, Ordnung entsteht autopoietisch durch Strukturierung. Es handelt sich um »emergente Selbstkonstitutionen«. (vgl. Paslack 1991, 179, 181). Und diese Fähigkeit zur Selbstkonstitution ist das tragende Fundament unserer physio-psychisch-mentalen Konstitution und aller Konstituierungen, zu denen wie je auf-gebrochen sind, und zu denen wir uns je versammelt haben werden.
Naturgesetz und Freiheit stehen sich nicht unversöhnlich gegenüber. Das Naturgesetz, Heideggers »großes Geschick«, das Fatum ist die Bedingung, der Ur-Sprung der Möglichkeit von Freiheit. Dieses wiederholt sich in jedem Phasensprung. »Nur das Einmalige ist wieder-holbar« (BPh, 55). Wenn die Rede von der »ewigen Wiederkehr« überhaupt Sinn macht, dann hier. Und dass, das Fatum unserer Freiheit uns wiederholt zum Verhängnis wird, zeigt unsere Geschichte überdeutlich schon darin, mit wieviel Geschick Menschen es verstehen, sich immer wieder ihrer Freiheit zu entledigen, aber auch um sie zu kämpfen. Letztlich sind wir, wie es so schön existenzialistisch heißt, zur Freiheit verurteilt.[48] Da hilft weder Heulen, noch Zähneklappern, weder der Verweis auf Sach- oder Systemzwänge, auch nicht auf die des biologischen Systems »Mensch«, noch blinder Gehorsam gegen wen oder was auch immer.
Diktaturen oder Kriege sind keine dunklen Schicksale, die über ein Volk kommen und in die sich die Menschen zu schicken haben. Und in dem Sinne hat auch Heidegger seine Parteinahme für die Nazis selbst zu verantworten. Er schreibt:

> »Kennzeichen dieses rechnenden, planenden Denkens der Metaphysik sind die Begriffe ›Prädestination‹ und ›Vorsehung‹. Im Rahmen dieses Denkens gilt das Schicksal entweder als eine Art, die im Undurchschaubaren der Vorsehung wirkt, oder der Name Schicksal steht für die Wirkung einer so wirkenden Ursache. ›Das Schicksal‹ gilt uns dann als eine ins Dunkel gehüllte Ursache, durch die die einzelnen ›Schicksale‹ bewirkt werden. So sehr kann es sein, dass das Wort ›Schicksal‹ dazu missbraucht wird, die Gedankenlosigkeit und die Flucht vor der Besinnung zu decken, in dem wir es dabei bewenden lassen, zu vermerken, das und das sei eben ›Schicksal‹.« (GA 52, 90)

Es dient zur Entschuldung. Novalis hat einmal angemerkt, dass Glück Talent für das Schicksal ist. Gehen wir davon aus, dass Glück allen Menschen vergönnt sein sollte, dann haben wir im Laufe unserer Geschichte wenig Talent, wenig Geschick bewiesen. Heidegger schreibt:

> »Sich schicken in das Schickliche (das Gehörige/sc.) ist nicht einfach das Sichabfinden mit dem Unvermeidlichen. Denn das Schickliche ist ja gerade das Vermeidliche und sogar zumeist Gemiedene.« (Ebd., 89)

Zu wissen, was sich gehört, weiß nur der, der Vernommen hat, was, wie es umgangssprachlich heißt, »angesagt ist«, der »richtig gehört« hat und entsprechend eine angemessene und verantwortliche Entscheidung fällt, auf Grund der er entschlossen handelt oder nicht handelt, z.B. nicht mitmacht. Weder blinder Gehorsam, noch blindes Nachmachen, was man oder alle tun, gehört oder schickt sich (vgl. u.a. SuZ, §§ 27, 60, 62).
Heideggers Topologie des Seins kann als eine Chaos- und Emergenztheorie des Seins verstanden werden. Die einzelnen Topoi sind emergente Selbstkonstituierungen des ur-sprünglich fraktgenen Seinsgeschehens, der Physis, des Naturprozesses. Unsere Wirklichkeit ist eine dieser Konstituierungen und steht nicht im Widerspruch zum Naturprozess, sondern wird von ihm getragen und ausgetragen. Unsere Wirklichkeit konstituiert sich in einem oben beschrieben komplexitätsreduzierenden Transformations- und Translationsprozess. Sie ist kein bloßes Konstrukt. Sie ist eine auf bescheidenere Verhältnisse reduzierte analoge (Re)präsentation und zugleich ein Moment, ein Fraktgen der absoluten Wirklichkeit und aus demselben Ur-Sprung. Wir sind also nie im Besitz der ganzen Wirklichkeit, der ganzen Wahrheit und mit großer Wahrscheinlichkeit sitzen wir vielen Irrtümern auf. Da wir in den Prozess der Wirklichkeitskonstituierung verwickelt sind, sind wir zwar immer schon in der Wahrheit (Un-Verborgenheit), zugleich jedoch stets schon in die Irre gegangen. Mag sein, dass wir mit unseren Erkenntnismöglichkeiten immer nur einen »Funken Wahrheit« erhaschen. Auf lange Sicht spricht nichts dagegen, dass wir genügend »Funken« sammeln, zueinander ins Verhältnis setzen und der ganzen Wahrheit näher kommen. Wir sind Sammler und, wie Benjamin schreibt, in den »Kampf gegen die Zerstreuung« verwickelt, um das »Zusammengehörige« zu vereinen und das so Gesammelte, »zu einer Weltordnung« zusammenzurücken. In diesem Sinne sind wir »Schicksalsdeuter«. Als endliche Wesen mit endlichem Verstand – schon bedingt durch das Gesetz der Endlichkeit des Seins – müssen wir wohl den St. Nimmerleinstag anvisieren, um die ganze Wahrheit zu erkennen. Doch nichts nötigt uns dazu, unsere Subjektivität und unsere Wirklichkeitserfahrungen für bloße

Konstrukte zu halten bzw. für Epiphänomene oder kontrafaktische Modelle – wie es der radikale Konstruktivismus bzw. der eliminative Materialismus annehmen.

Ob sich unsere Subjektivität im Sein oder das Sein in unserer Subjektivität auflöst ist letztlich egal. Hierbei handelt es sich um die beiden alternativen Konsequenzen eines radikal zweiwertigen Denkens, das in der klassischen Logik seinen vollendeten Ausdruck gefunden hat. Was sich ändert sind lediglich die Vorzeichen (+/–; p/–p). Etwas Drittes gibt es nicht. Ein Logik, die dem Denken einer fatalen Fraktgenität und Zurückgebogenheit des Seins gemäß wäre, hat Gotthard Günther mit seiner transklassischen Logik entworfen. Die Zweiwertigkeit unseres Denkens hat vermutlich ihren Ur-Sprung in der oben beschriebenen Bipolarität oder Zwiefalt (Heidegger) des Seyns, der Natur selbst. Diese Zweiwertigkeit hebt Günther in einer mehrwertigen Logik als Stellenwertsystem im dreifachen Hegelschen Sinne auf (vgl. etwa Günther, 1978; 1976, 79, 80).

Ciompi verwehrt sich gegen einen radikalen Konstruktivismus und hält ihn für eine »(Über-)reaktion auf einen ebenso radikalen wissenschaftlichen Positivismus und reduktionistischen Realismus« (1997, 31). Er geht davon aus, »dass wir mitsamt all unseren Theorien Teil eines ungeheuren Wirkgefüges – eben der angenommenen ›ontischen Realität‹ – sind, für welche unsere mentalen Produkte, genauso wie unser Körper und unsere Existenz überhaupt, in einer allerdings von selbst nie klar erfaßbaren Weise signifikant sind«. Er »[...] hält an der Hypothese fest, dass es eine solche Realität tatsächlich gibt, und dass gerade auch die [...] Bedürfnisse und Strukturen mitsamt den dadurch hervorgebrachten Welterklärungen nichts als ein Teil der Realität sind, die sie also sowohl enthalten wie auch [...] ein Stück weit laufend verdichten (und gleichzeitig auch verzerren).« (ebd.)

Als Teil des ganzen großen Wirkgefüges, des »Verhältnisses aller Verhältnisse« oder der »Ortschaft aller Orte und Zeit-Spiel-Räume«, der Natur, des Seyns oder des Chaos können wir die Hoffnung hegen, auf Grund unseres immanenten Logos, der nur ein Fraktgen des »großen Logos« ist, uns ein unseren bescheidenen Verhältnissen entsprechendes aber ähnliches Bild der Wirklichkeit zu machen. Wir sollten die Karte zwar nicht mit dem Territorium verwechseln, wir sollten aber auch nicht glauben, dass wir nur in einer völlig fiktiven Karte, einer fiktiven »Wirklichkeit« als fiktive Individuen unser fiktives »Leben« fristen. Sowohl unsere Wirklichkeit als auch wir selbst sind wirklich wirklich und unsere bloße Existenz hat wirkliche Auswirkungen auf die große wirkliche Wirklichkeit der Natur. Diese Auswirkungen können fatal sein, auch und gerade wenn wir es nicht oder zu spät bemerken. Mit dem Glauben, alles sei bloßes Konstrukt, da es ohnehin keine Möglichkeit der Realitätserkenntnis gibt, stehlen wir uns ebenso aus der Verantwortung wie mit dem Glauben, dass alles durch Naturgesetze determiniert ist und am Lauf der Welt sich nichts ändern lassen wird.

Zum Abschluss möchte ich das Problem der Übersetzung von Sprachspielen noch einmal aufgreifen, das zu Beginn mit Davidsons Bedeutungstheorie zu lösen versucht wurde. Sind alle Sprachen antimorphe Translationen der absoluten Wirklichkeit (Seyn) und selbst ein fraktgenes selbstähnliches Teil der selben, dann können sie einander nicht von Grund auf fremd sein. Die Grenzen unserer Sprache mögen die Grenzen unserer Welt sein, doch jede Welt ist Teil und antimorphe Wieder-holung der absoluten Wirklichkeit, ihr und unser logischer Ort und wie diese selbstähnlich. Unsere heuristische- und linguistische Kompetenz hat ihren Grund oder auch Abgrund in der Selbstähnlichkeit des Seins selbst (Seyn) oder, wie Bloch es wohl formulieren würde, im »Logos der Materie« (Bloch 2000).

Jede Sprache, jede Wissenschaftssprache zumal mag ihre eigene Welt konstituieren. Das impliziert *weder* gegenseitige Unübersetzbarkeit *noch* gegenseitiges prinzipielles Nichtverstehen – ein »culture clash« ist hier, wie in jedem anderen Falle, das Resultat bloßer ideologischer Verblendung. Die eine gemeinsame Welt wird dadurch sicher nicht einfacher, eher wird sie komplexer und viel komplizierter. Vor allem wird sie aber vielfältiger und freier und dadurch letztlich humaner. Kants Projekt der Aufklärung als der »Befreiung aus der selbstverschuldeten Unmündigkeit« ist noch lange nicht zu Ende. Wie bemerkte Hölderlin doch so treffend und die Wiederholung eines seiner Verse soll hier den Schluss bilden: »Einig zu sein, ist göttlich und gut; woher ist die Sucht denn | Unter den Menschen, dass nur einer und eines nur sei?«

Danksagung

Niemand schafft allein aus sich selbst, und so schulde ich vielen Menschen aufrichtigen Dank. Professor Luc Ciompi danke für seine wissenschaftliche Offenheit, sein aufrichtiges Interesse und seine Ermutigungen. Meinen Freundinnen und Freunden Carola Frank-Pehrs und Ulf Pehrs, Frank Jentzsch, Johanna Junk, Klaus Rehkämper und Gabriele Schulze, meiner Schwester Dagmar Nunold, meinem Mann Uwe Könemann-Nunold und meinem Sohn Florian Nunold danke ich für die an- und aufregenden Gespräche und für so manche Sachinformation, vor allem aber dafür, dass sie auch in schweren Zeiten für mich da waren. Frank Jentzsch danke ich zudem für das Korrekturlesen, für seine konstruktive Kritik und seine weiterführenden Hinweise. Meiner Schwester und meinem Mann danke ich ebenfalls für das Korrekturlesen. Meinem Mann gebührt darüber hinaus ein ganz besonderes Dankeschön, nicht nur für das Bücherschleppen, sondern für seine Liebe, seine Geduld und seinen Zuspruch. Während meiner langen Krankheit hat er stets zu mir gehalten und das Buchprojekt nicht bloß begleitet, sondern durch seinen Beistand das Gelingen erst ermöglicht. Rahel Roesner aber danke ich für das Chaos und die Heiterkeit, die sie in unser Leben bringt.

Anmerkungen

ANMERKUNGEN:

1. Der Begriff findet sich erstmals in dem sogenannten »Hüttenbüchlein«, »Aus der Erfahrung des Denkens« (1954, 23).

2. Inkommensurabilität« ist Feyerabends und Kuhns Terminus für Unübersetzbarkeit in eine andere Sprache. Kuhn spricht von einem Ein-Weltuniversum, das von verschiedenen Standpunkten aus gesehen werden kann. Nach Feyerabend sind die Begriffsschemata der normalen Sprache »falsche Theorien«. Davidson zeigt nun, dass es keinen Sinn macht, von völlig falschen Begriffsschemata auszugehen, denn dann gäbe es in der Übersetzung keine signifikante Reihe von Sätzen. Sprachen wären dann in der Tat unübersetzbar. Entsprechend macht die Annahme, dass jeder Sprache/Kultur ein komplett anders Begriffsschema und eine völlig andere Welt entsprechen, keinen Sinn. Verschiedenheit lässt sich nur auf der Basis von Gemeinsamkeiten feststellen.

3. »Der Zweifel der Zweifelnden ist getragen vom echten Wissenwollen und hält stand dem wahren Nichtwissen. Im wahren Zweifel ereignet sich der Zusammenstoß des Wissens und des Nichtwissens und zeitigt jene ursprüngliche Not, die das Dasein in Grundstimmungen versetzt. Mit Zweifel ist hier demnach nicht gemeint die bloße zersetzende Verneinung, das Forttreiben von einem Bedenken in das andere oder die blinde und alles Fragens müdegewordene Behauptung, dass wir doch nichts wissen können. Im Zweifel wird die tiefste Verlassenheit ausgedauert, und in ihr gerade kommt der Einzelne als Einzelner mit seiner Sonder- und Eigennot zum Verschwinden« (GA 39, 100f.).

4. Walter Benjamin verwendet diesen Begriff, um ein plötzliches Innehalten im Denken zu beschreiben, in dem im Nu eines Augenblicks der große Zusammenhang aufblitzt. In »Über den Begriff der Geschichte« schreibt er: »Zum Denken gehört nicht nur die Bewegung der Gedanken, sondern ebenso ihre Stillstellung. Wo das Denken in einer von Spannungen gesättigten Konstellation plötzlich einhält, da erteilt es derselben einen Chock, durch den es sich zur Monade kristallisiert.« (BG, 152). Dieser Chock ist in der Tat heilsam, es ist eine »messianische Stillstellung des Geschehens« (ebd.; vgl. u.a. Heidegger: GA 76, 74ff.).

5. Die Mischung von Faszination und Entsetzen, von gleichzeitigem Angezogen- und Abgestoßen-sein, dessen Ausdruck Scheu und Verhaltenheit ist, beschreibt Rudolf Otto, als Gefühl des Numinosen als »eigentümliche [...] numinose [...] Deutungs- und Bewertungs-kategorie« und als »numinose[...] Gemüts-gestimmtheit« (DH, 7), als eine Mischung von »Tremendum« und »Fascians« (DH., II, IV, V). Faszination und Entsetzen, der »Doppel-charakter« des Numinosen (42) entspricht der von Ciompi ausgemachten bipolaren dynamischen Struktur allen Fühlens und Denkens, sozusagen unseres gesamten psychisch-mentalen Existierens (vgl. u.a. 1998,

23, 81, 89, 96, 111ff., 120ff., 162f., 169ff., 182ff.). In der Scheu und der Verhaltenheit befinden sich die beiden gegensätzlichen Momente im Gleichgewicht. Bei Kant überwiegt das Entsetzen und als Reaktion, beginnt er zu rationalisieren, den Grund zu legen für die Autonomie der Vernunft. Er beginnt mit der Kritik, nämlich der Vernunft ihre Grenze zu ziehen und damit auch die Mauern hochzuziehen, ein Bollwerk oder eine Fluchtburg zu bauen gegen das Andere der Vernunft, das Ungeheure, dem er entkommen zu sein meint und auf das sein Denken notwendiger (aus der Not gewendeter) Weise bezogen bleibt, ja es als konstituierendes Moment nötigst braucht wie das Ding an sich. (Vgl. dazu: Hartmut Böhme, Das Andere der Vernunft, Frankfurt/M. 1985). Bei Heidegger überwiegt hingegen die Faszination. Das Pendel schwingt in die andere Richtung. Denn die Grundstimmung der Scheu und der Verhaltenheit ist eine in der Zukunft erahnte, auf die wir uns (er)wartend mental vorbereiten, gewissermaßen einstimmen müssen als die Grundstimmung des »anderen Anfangs« zum ersten Anfang des Denkens. Die Grundstimmung des ersten Anfangs aber war das Staunen (Vgl. BPh, u.a. §§ 6, 13ff., 250ff.)

6. Für Herbert Schnädelbach gehören zu den drei von ihm ausgemachten Paradigmen des abendländischen Denkens drei Grundstimmungen und drei Grundfragen: Zum ontologischen Paradigma gehört das Staunen mit der Grundfrage der alten Griechen: Was ist? Zum mentalistischen Paradigma gehört der Zweifel (z.B. Descartes, Kant) mit der Grundfrage: Was kann ich wissen? Und zum linguistischen Paradigma gehört die Konfusion (z.B. Wittgenstein) mit der Frage: Was kann ich verstehen? (1991, 69) Wittgenstein formuliert die » ›Ausgangserfahrung‹ des Zusammenbruchs des Verständnisses« (ebd.): »Ein philosophisches Problem hat die Form: ›ich kenne mich nicht aus‹« (PU § 123). Heideggers Denken gehört noch dem letzten Paradigma zu, aber so dass es den (Ab)sprung in einen neuen, anderen Anfang vorbereiten will (vgl. etwa BPh, IV,). Es ist sozusagen im Sprung begriffen, oder noch dabei, den Sprung zu wagen und in diesem Sinne noch im Anfang seines »anderen Anfangs«. Konfusion wandelt sich in Ahnung. Ahnung ist wie Konfusion eine Grundstimmung. Sie ist ein dunkles Wissen und ein Aushalten, Sich-bereit-und-offenhalten für eine noch unbekannte Regelhaftigkeit (BPh, § 6; vgl. Otto, GdÜ, 332f.). Hogrebe spricht von »Vorsprünglichkeit« und einer »eigenartig kündenden Tönung« (1996, 7). Ahnung ist der Gegenpol zur Konfusion, die gerade in der Erfahrung des Verlustes und des Nicht-finden könnens einer Regelhaftigkeit besteht. Das Pendel schwingt in die andere Richtung.

7. Wer möchte, mag hier das kabbalistische Motiv des Aufbrechens oder Zerspringens der Gefäße (schewirat ha kelim), der zehn Sefirot – also auch schon eine Differenzierung – wiedererkennen, wodurch die Vielgestaltigkeit des Wirklichen erst möglich wird. Merleau-Ponty spricht von einem »Polymorphismus« der »Welt« und des »Seins« (SU, 318), von einem »Polymorphismus des wilden Seins« (319, vgl. 265, 270, 281; AG, 27). Noch »der Sprung«,

von dem Heidegger spricht (vgl. etwa BPh IV; Hw, 63ff., 303; VA, 134; ID, 24f., 32ff.; SG, 95f., 106ff., 119, 129, 134, 150f., 157ff., 185; SuZ 344 u.a.O.) wiederholt ein Motiv der Kabbala, des Tikkun, der Wiederherstellung oder Wiedergutmachung durch ein *Einsammeln* (Logos) und *Zusammenfügen* (Dike) der Scherben oder Seinsfraktale, woran der Mensch – so er sich läutert und abspringt von den geläufigen Bahnen des allein am Seienden orientierten Denkens in ein auf das Sein sich besinnendes Denken – teilzuhaben vermag. Der Sprung ist dann Ab-Sprung vom »ersten Anfang zum anderen Anfang« (BPh, 228). Während die Lurianische Kabbala davon spricht, dass der ganze Kosmos in seinen Ur-Sprung zurückkehrt und Gott aus seinem Exil (Zimzum/Rückzug in sich selbst) und damit der ganze gefallene Kosmos erlöst wird, spricht Heidegger zwar davon, dass »im anderen Anfang [...] alles Seiende dem Seyn geopfert [wird]« (250), es wird aber nicht aufgeopfert, also vernichtet, sondern »erhält erst [...] seine Wahrheit« (ebd.), d.h. wird in seiner wesenhaften Zugehörigkeit zum Sein gedacht. Auch in Heideggers Denken findet sich ein messianisches Moment, doch ist die Rückkehr in den Anfang zwar auch Sammlung, nicht aber Erlösung am Ende der Zeit – weder die »Katze noch der »Uroborusdrache beißen sich hier in den Schwanz« –, sondern es beginnt ein neuer Anfang. Die Geschichte geht weiter. Das Heil ist nicht die Einkehr in der Indifferenz der Identität des Einen oder Absoluten, sondern die Einsicht in die Indifferenz in der Differenz. Die Gemeinsamkeit alles Seienden ist, dass es sich von einander unterscheidet. Das Sammeln (Logos) ist ein In-Beziehung-setzen (vgl. Benjamin PW I, 271). Benjamin schreibt (ebd. 279): »Vielleicht läßt sich das verborgene Motiv des Sammelnden so umschreiben: Er nimmt den Kampf gegen die Zerstreuung auf.« Die »Zerklüftung des Seyns« wird nicht rückgängig gemacht, sondern in diese kehrt das Denken ein als ein zusammengehöriges aber ebenfalls Zerklüftetes. Dem entspricht, dass für Merleau-Ponty nicht allein das Sein, sondern auch »die Wahrnehmung selbst [...] polymorph [ist]«. (SU, 270) An anderer Stelle schreibt er: »Das Sein ist der ›Ort‹, an dem die ›Bewußtseinsmodi‹ sich als Strukturierungen des Seins einschreiben [...] und wo die Strukturierungen Bewußtseinsmodi sind. Die Integration ansich-fürsich vollzieht sich nicht im absoluten Bewußtsein, sondern im Sein der Promiskuität. Die Wahrnehmung der Welt entsteht in der Welt, das Erlebnis der Wahrheit vollzieht sich im Sein.« (SU, 319; vgl. Heidegger, Die Zerklüftung der Modalitäten, BPh, § 156, 157) Oder: »Das ›Originäre‹ ist nicht von einer einzigen Prägung, es liegt nicht gänzlich hinter uns; die Wiederherstellung der wahren Vergangenheit und der Präexistenz macht nicht die ganze Philosophie aus; das Gelebte ist nicht flach, nicht ohne Tiefe und ohne Dimension, es ist keine undurchdringliche Schicht, mit der wir zu verschmelzen hätten; die Berufung auf das Originäre läuft in mehrere Richtungen: das Ursprüngliche zerspringt, und die Philosophie muß dieses Zerspringen, diese Nicht-Koinzidenz begleiten« (SU., 164–165). Zur Kabbala vergleiche Scholem 1980, 285, 305; A. Chouraqui o. Jg.; zu kabbalistischen Motiven bei Heidegger bis in die analytische Philosophie vgl. Junk 1998.

8. Heidegger hat dafür viele Namen gefunden z.B.: Die »Lichtung« (u.a. SdD, 72), die »offenen Stelle« oder »Mitte« (u.a. HEH, 163, 178f.), die »Innigkeit« (u.a. Hw, 38; HEH, 171; UzS, 24, GA 39, 116ff.; GA, 52, 91) das »Verhältnis«, das »Zwischen« oder die »Fuge« (u.a. UzS, 24ff.; Hw, 327, 336).

9. »Unverborgenheit« ist bekanntermaßen Heideggers Übersetzung für Aletheia. Er denkt darin die Doppelstruktur von Entbergung und Verbergung als Grundstruktur und Grundgeschehen des Seins und des Logos (vgl. u.a. VA, 112ff.). Wenn der Bipol die einfachste Struktur jedes Systems ist (vgl. Ciompi 1998, 23, 81, 89, 96, 111ff., 120ff., 162f., 169ff., 182ff.), dann nennt Heideggers Aletheia-Struktur des Seins und des Logos, die ja beide dasselbe sind, den Ur-Sprung (sowohl zeitlich als auch verbal verstanden), nämlich die erste Kluft, die ontologische Differenz zwischen Sein und dem Sein des Seienden, zwischen dem Gefüge und dem Gefügten, zwischen der Varianz und den Varianten und der Invarianz und dem Invarianten usw.

10. Er ist für Heidegger ursprünglich Sammler und nicht Jäger. Denn das Jagen ist nur das Gestell des Sammelns. Der Jäger stellt seiner Beute nach, um sie zu erlegen. Tiere werden ihm zum bloßen Bestand des (nach)jagbaren bestellt. Sie werden ihm schon bevor er sie tötet zu leblosen Dingen, zu Stückzahlen des Bestandes an Wild. Der Jäger spricht von einem »Stück Wild«, wie der Landwirt von einem »Stück Vieh«, ein Beispiel Heideggers (GA 79, 39). Das Gestell ist für Heidegger das Wesen der Technik. Wesen ist verbal von Sein, Anwesen und Ins-Anwesen-her-vor-bringen zu verstehen. Technik, zumindest die moderne Technik, ist für ihn ein nachstellendes Her-vor-bringen, das alles und jedes, einschließlich den Menschen, zum verfügbaren Bestand bestellt. Sie werden zu auswechselbaren Bestandstücken des Be- und Getriebes. In diesem Sinne ist Wissenschaft Jagd. Sie stellt den Forschungsgegenstand fest und ihren Forschungsobjekten nach, um den Bestand des Wissens zu vermehren. Doch auch Wissenschaft ist Sammlung, ein In-Beziehung-setzen. Forschungslogik ist für Heidegger eine gestellhafte Weise des Logos. Ein Teilaspekt, nämlich der der Verfügung und des Nutzens dominiert das gesamte Gefüge in seinem Sein (»versklavt« es/Haken). Es stellt es unter die Herrschaft der Zweckrationalität, anstatt die, wie Benjamin schreibt: »Dinge von der Fron, nützlich zu sein« zu befreien, wie es der »positive Gegentyp, der zugleich der Sammler in seiner Vollendung ist, tut« (PW I, 277). Und er zitiert Marx: »Das Privateigentum hat uns so dumm und untätig gemacht, dass ein Gegenstand erst der unsrige ist, wenn wir ihn haben, also als Kapital für uns existiert, oder von uns [...] gebraucht wird« (Karl Marx: Der historische Materialismus, Die Frühschriften, Lpz 1932 I, 299, z.n. PW I, 277). So aber gerät das Gefüge des Wissens für Heidegger aus den Fugen (Dike), das »Unternehmen Wissenschaft« wird zum Unfug (Adike), ist unverhältnismäßig, verrückt. (vgl. u.a. Das Ge-Stell, 24–45, Die Kehre, 68–77, in: GA 79; Die Frage nach der Technik, 9-40, Wissenschaft und Besinnung, 41–66, in: VA; vgl. TK). D.h. nicht, das wir von allem Nutzen absehen können. Wir sind bedürftige Wesen.

Nur die Relationen, die Proportionen stimmen nicht. Brecht hat sicher Recht mit: »Erst kommt das Fressen, dann die Moral.« Aber eine Welt, in der der größte Teil der Menschheit in Armut und Elend lebt und um ihr nacktes Überleben kämpfen muss, weil der Rest, um ihres Wohlstandes und Wohllebens willen, die Erde mit allem, was in und auf ihr ist und lebt, vernutzt, ist aus den Fugen, ist total, nämlich in Gänze verrückt und in diesem Sinne unlogisch.

11. Die Autonomie der Physis als dem autopoietischen Sein oder Logos ist gewissermaßen die »physiologische« Basis oder Grundlegung – im Sinne einer Tätigkeit (Energeia) – der dem physischen Sein gegenüber emergenten, gleichwohl nicht unabhängigen oder widersprechenden Freiheit des Menschen. Sie *gehören* zusammen. In der Selbstbezüglichkeit der Physis ist das Seinsverhältnis des Menschen, sein Transzendieren und sein Aufenthalt in der Offenheit und Freiheit, seine Erschlossenheit Grund gelegt. Auch wenn das Sein des Menschen (Dasein) nicht identisch mit seinem Grunde ist, so ek-sistiert er doch *aus* ihm (vgl. SuZ, 284) und ist letztlich dasselbe, nämlich Logos (ein Seins). In diesem Sinne besitzen die Menschen »die Freiheit nicht als Eigenschaft, sondern höchstens gilt das Umgekehrte: die Freiheit, das ek-sistente, entbergende Da-sein besitzt den Menschen« (WW, 17). Deshalb ist auch jeder Angriff auf sogenannte Freiheiten wie Meinungsfreiheit, Bewegungsfreiheit etc. ein Angriff auf die ur-sprüngliche Freiheit des Menschen, eben weil er sie nicht besitzt wie ein Eigentum, welches er verlieren oder ihm genommen werden kann, ohne dass damit ein Angriff auf sein Menschsein verbunden ist. Freiheitsberaubung ist ein Angriff auf das Menschsein des Menschen und in toto nur um den Preis seiner Zerstörung und Vernichtung zu haben. Solange ein Mensch lebt, ist er in der Freiheit, wenn er auch nicht in Freiheit lebt. Totalitäre Regime wissen dies sehr wohl. So ist auch Kants Selbstgesetzgebung aus Freiheit zwar ihrem ermöglichendem Grund gegenüber emergent, aber eben nicht von ihm unabhängig.

12. Heideggers häufige Rede von »hören« und »gehören« hat nichts mit einer »fundamentalontologischen Legitimation« von Befehl und (Kadaver)gehorsam gemein. Im Hörenkönnen liegt die Bedingung der Möglichkeit, überhaupt etwas hören, d.h. verstehen zu können. Nur wer gehört, d.h. verstanden hat, z.B. einen Befehl, ist fähig, ihm nicht zu (be)folgen, ihm nicht zu gehorchen, denn er hat gehört, verstanden, dass er z.B. grausam, menschenverachtend und unsinnig ist, vielleicht sogar, dass das Wesentliche eines Befehls darin liegt, dass er taub machen soll gegen jenes grundlegende Hörenkönnen. Dieses ist eine Weise der Freiheit, der Autonomie, aus der heraus wir ek-sistieren. Aus ihr erwächst erst die Freiheit der Verneinung und Verweigerung als einer Weise der erfolgten (Ver)störung. Es handelt sich um die Freiheit, einem Anspruch zu entsprechen auf Grund unserer Eigenzuständlichkeit und Selbstgegebenheit (Autonomie). (Vgl. auch SuZ, 163f.; GA 55, 239–260).

13. en alloi

14. Ein (ab)geschlossenes System steht mit seiner Umwelt in keinerlei Wechselwirkung. Ein System wird per Definition zu einem abgeschlossenen System, indem es selbst und die mit ihm in Wechselwirkung stehenden Teile zu einem abgeschlossenen Gesamtsystem erklärt werden.

15. Zur Übereinstimmung der thermodynamischen und der informationstheoretischen Entropie vgl. Kurth 1997, 276ff.

16. »Dabei unterscheidet sich die Entropie von der strukturellen Komplexität eines Systems oder Objekts ungefähr so wie die informationstheoretische von der semantischen Information.« (Kurth 1997, 277; vgl. Nunold 2003, 309–334)

17. Hebräisch wird Gott als Älohim bezeichnet. »Älohim« ist Plural, meint aber nur einen Gott und keine Götter. Es handelt sich auch nicht um einen »pluralis majestatis«. Gott gilt als das Sein oder besser Seyn (nämlich das Sein selbst). Dieses aber ist als Eines zugleich ein Vieles, ein »plurale tantum«. Es ist fraktal – Heidegger spricht von der »Zerklüftung des Seyns« – und wie Gott, von dem anzunehmen, er ähnele irgendeinem anderen, gerade zu blasphemisch wäre, ist auch das Seyn nur sich selbst ähnlich, maßstabs- und skalenunabhängig versteht sich. Denn wer oder was sollte der Maßstab sein, nach dem oder durch den Gott und das Seyn sich er-, ver- oder ausmessen ließen. ER oder ES ist das Unermessliche, von dem sich in einer negativen Theologie oder Ontologie letztlich nur aussagen lässt, das ER oder ES nichts von allem Seienden, ja nicht einmal Seiendes ist und in diesem Sinne eben »Nichts«, der Ab-Grund des Seins. Dieses Nichts ist aber auch als der »Unter-Schied« und die absolute Rationalität, als absoluter Logos nichts. Ist eine Relation ein Zwischen, nämlich zwischen zwei Relata und ist dieses Zwischen eben nichts, eine »Lücke« zwischen zwei Elementen, so ist die absolute Relationalität, der absolute Logos zu dem in seiner absoluten Unbezüglichkeit nichts, nichts für uns. Wir verfallen wieder einer negativen Ontologie, um doch nur aussagen zu können, was Es eben nicht ist.

18. Zu Platons »Timaios« siehe Saltzer 1997.

19. Dem Chaos oder der Chora entspricht der Zimzum oder die »Selbstverschränkung Gottes« der vom Neuplatonismus beeinflussten jüdischen Mystik (vgl. Scholem 1980, 285–290). Isaak Luria (1534–1572), ein Kabbalist aus der kleinen obergaliläischen Stadt Safed, die nach der Vertreibung der Juden aus Spanien zu einem neuen Zentrum jüdischer Mystik wurde, ersann hier die Lehre vom Zimzum. Scholem bezeichnet sie als eine der »weitest reichenden mystischen Ideen, die in der Kabbala je gedacht worden sind«. (285) »Zimzum« heißt Konzentration oder Kontraktion, muss im Sinne Lurias aber als Zurückziehen oder Rückzug übersetzt werden. Luria kommt dabei auf eine talmudische Idee zurück und stellt sie gleichsam auf die Füße.

Im Midrasch bedeutet »Zimzum«, dass Gott seine Schechina, seine heilige Gegenwart zusammengezogen habe im Allerheiligsten, dem Ort der Cherubin. »Zimzum« bedeutet hier die Konzentration an einem Ort. Bei Luria wird daraus ein Zurückziehen und ein Freigeben eines Ortes. Luria ging dabei ganz rationalistisch von der Überlegung aus, wie ist eine Schöpfung aus dem Nichts möglich, wenn Gottes Wesen überall ist, und wo es ist – sozusagen als es selbst – Welt weder einen Platz noch einen offenen Ort hat. Gott zog sich also in sich selbst, in sein Eigenes, wie Heidegger sagen würde, zurück. Er verschränkte sich aus sich selbst in sich selbst und gab eine »Art mystischen Urraum« frei, in den er »in der Schöpfung und Offenbarung heraustreten konnte« (286) und so Sein im Sinne Heideggers als Anwesen zuschickt. Die Bedingung der Möglichkeit von Schöpfung und Offenbarung ist ein Entzug und eine Verbergung Gottes in sich selbst. Dadurch schafft er einen Urraum (»die Ortschaft aller Orte und Zeit-Spiel-Räume« als das »Verhältnis aller Verhältnisse«) aus sich selbst und in sich selbst. Hier sei an einen Gedanken Nikolaus von Kues erinnert, der 1440 in seiner »de docta ignorantia« schreibt, das Gott überall und nirgends sei, Mittelpunkt und Umfang der Welt (1.II, cap. 12, p. 103). Dieser Gedanke geht vermutlich auf eine pseudohermetische Schrift, das »Buch der XXIV Meister« aus dem 12. Jhd. zurück (vgl. Clemens Beumker, Das pseudohermetische Buch der XXIV Meister, Münster 1928 und Dietrich Mahnke, Unendliche Sphäre und Allmittelpunkt, Halle/Saale 1937).) Dieser Akt des Zimzums und damit auch der Unterscheidung, der Ur-Sprungs muss bei jeder Emanation und Manifestation Gottes wiederholt werden. Ohne diese Wiederholung und der daraus entstehenden Spannung zwischen Entbergung und Verbergung würde nichts entstehen und bestehen können. »In jedem Ding wirkt nicht nur ein Residuum göttlicher Manifestation fort, sondern es enthält unter dem Aspekt des Zimzum auch eine eigene Realität, die es vor der Auflösung in das unindividuelle Sein des göttlichem ›alles in allem‹ schützt.« (Scholem 1980, 287) Scholem führt nun weiter aus, dass der Zimzum selbst ein Akt der Strenge und der richtenden Gewalt in Gott, des Din ist (ebd., 288f.) Es ist der Grund des Din, des Gesetzes, der Notwendigkeit aber auch des Bösen in der Welt. Din ist die fünfte Sefira von 10 Sefirot des Sefirot-Systems oder Sefirotbaumes. (Das Sefirot-System kann als ein semiotisches System verstanden werden, was hier aber nicht mehr erörtert werden soll.) Der Zimzum ist die Endlichkeit in Gott, durch die er sich immer wieder in seine eigene Grenze zurückzieht und wodurch alles seine Grenze und damit seine individuelle Gestalt erhält. Schöpfung ist Trennung, Unterscheidung und damit Eingrenzung wie in Genesis 1ff. berichtet wird. Der Zimzum ist damit der (Ab)Grund der Endlichkeit und des Todes in der Welt. (Vgl. dazu Sigmund Freud: GW XIII, 3–69, bs. 38–66, 268–276; GW XIV, 421–506, bs. 477–481; GW XV, 110–118, bs. 114; GW XVI, 12–27, bs. 22f., 59–99, bs. 88–93, aber auch Sabina Spielrein 1987, 98–143.). Von Spielrein hat Freud die Theorie des Todestriebes übernommen.

20. Die hebräische Sprache hält den Unterschied zwischen dem Schaffen oder Machen der Menschen und dem Schaffen Gottes fest: Während »asah« ganz allgemein machen meint,

wird »barah« ausschließlich von Gott gesagt. »Creavit« nicht »fecit« ist die lateinische Übersetzung der Vulgata. Gleich zu Anfang der Genesis heißt es: »Bereschit barah Älohim [...]«, » Am Anfang schuf Gott [...]« (Gen.1, 1). Als Mose aber auf Befehl Gottes eine »eherne Schlange« macht und aufrichtet (4. Mos. 8; 9), wird »asah« bzw. der Narrativ von asah »wajaas« verwendet. »Asah« meint ein künstliches Her-vor-bringen oder Her-stellen im Sinne der Techne. »Asah« ist Allopoiesis. »Barah« ist die höchste Form der Autopoiesis, insofern Gott nicht nur durch den Logos (hebr.: dabar) schafft, sondern selbst der absolute Logos ist (vgl. Joh. 1ff.). »Barah« nennt den (Aus)differenzierungsprozess des Seins selbst, den Ur-Sprung. Gott ist dieser Ur-Sprung selbst, das Ereignis des Unter-Schieds, ohne den kein Unterschied einen Unterschied machen würde. In diesem Sinne ist er, wie Cusanus schreibt, Mittelpunkt und Umfang der Welt, so wie der Lurianische Zimzum, Platons Chora, Heideggers Unter-Schied usw., und als solcher ist er zugleich Sammlung (Logos). Als das »Verhältnis aller Verhältnisse« ist Gott die absolute Zusammengehörigkeit und in diesem Sinne die »Coincidentia oppositorum« und das Chaos als das Sein selbst (Seyn). Gott ist ebenfalls in diesem Sinne nicht einer, zunächst auch (noch) nicht dreieinig, sondern in sich selbst zersprungen ist er viele, ein plurale tantum wie im Wort »Älohim« benannt. »Älohim« (vgl. Gen.1ff.) ist Plural, bedeutet aber nicht Götter, sondern Gott und ist kein Majestatis. Es nennt die Vielheit in Gott, die absolute Komplexität. Als dieses plurale tantum ist Gott das »singulare tantum«, das Ereignis des Ur-Sprungs, als des Unter-Schieds selbst (vgl. Heidegger: ID., 29), das »Einmalige«, die Singularität, die als solche stets wieder-(ge)holt werden muß (vgl. BPh, 55) und zugleich ein »neutrale tantum« (vgl. SdD, 47) als das Zwischen, die Relation, das Verhältnis oder der Zusammenhalt selbst. So gesehen ist er ein dreieiniger Gott: Chaos (Vater), Ereignis (Sohn), Relation (Hl. Geist).

21. Dem entspricht Platons Chora als alles umschließenden aber grenzenlosen Komplexitätsraum. Luhmann bezeichnet diesen Raum als »Welt«. »Welt« im Sinne Luhmanns »kann nicht als System begriffen werden, weil sie kein ›Außen‹ hat, gegen das sie sich abgrenzt. Wollte man Welt als System denken, müßte man sogleich eine Umwelt der Welt mitdenken, und der das Denken leitende Weltbegriff verschöbe sich auf diese Umwelt« (1970, 115).

22. In den Patentierwettläufen um patentierte Lebewesen etc. – eine satirische Etymologie könnte auf die Idee kommen zu fragen, ob der Begriff »Patent*tier*,« also das patentierte Tier sich von *patentieren* herleitet – feiert diese Haltung fröhliche Urstände in unseliger Allianz mit Macht- und Habgier. Erwin Chargaff hat schon sehr früh darauf hingewiesen, dass die Schrift, und er meint das Genom, nicht der Text ist.

23. »Schwelle« meint keine starre Barriere, sondern Übergang, der nie in das eine oder andere vollständig übergeht, aber an beiden teilhat. Darin besteht ihre Virtualität. »Schwelle«, schreibt Walter Benjamin, »ist eine Zone. Wandel, Übergang, Fluten liegen im Worte ›schwellen‹ und diese Bedeutung hat die Etymologie nicht zu übersehen« (PW I, 618). Heidegger beschreibt

den »Übergang als Versöhnung und Ausgleich« (GA, 52, § 29): »So ist denn Übergang nicht das Weg von Einem und das Fort zum Anderen. Übergang ist nicht das Vorübergehen, sondern das in sich gesammelte Bleiben, das Eines und das Andere einigt und so beide aus ihrem bleibenden Wesensgrund her-vor-gehen und in ihm allererst bleiben läßt [...] Versöhnung ist ein Ausgleichen; aber Ausgleich ist nicht nur ein Gleichmachen nach der Art der Einebnung von allem in eine leere unterschiedslose Selbigkeit. Versöhnung ist auch nicht Niederschlagen und Beseitigen des Streites, sondern Freigabe der Streitenden in das je eigene Recht ihres Wesens. [...] Sich-selbst-finden ist aber niemals das eigensinnige Auf-sich-allein-pochen, sondern Hinübergehen aus dem Eigenen zum Fremden des Anderen und Herübergeben aus diesem anerkannten Fremden ins Eigene. Ausgleich ist Hinüber- und Herübergeben, ist Übergang« (ebd., 85f.)

24. Es gibt die russischen Puppen, die Matruschkas, die Puppe in der Puppe in der Puppe in... Diese Puppen lassen sich auseinandernehmen und jede einzelne für sich betrachten oder in Gruppen oder alle zusammen. Heideggers Unternehmen sieht in etwa so aus: Eine Puppe tritt aus der Reihe heraus und betrachtet die anderen Puppen, einzeln oder zusammen, stellt sich in die Reihe zurück und sieht sich selbst als Puppe unter Puppen, um dann aber nicht als Puppe in der Puppe zu verschwinden, sondern die anderen Puppen und sich selbst als Puppe und Wieder-holung der ersten in sich selbst wieder zu holen.

25. Eine Unterscheidung treffen heißt, das eine vom anderen zu sondern. Heidegger geht es nun nicht darum sowohl das eine als auch das andere zu denken, sozusagen das Teil und sein Gegenteil und alles zusammen als Ganzes, (Heidegger versucht gegen die Tradition der Auslegung z.B. der Worte (Topoi) des Parmenides anzudenken). Das eine und das andere zugleich zu denken, heißt letztlich sich in die Paradoxie zu begeben, dass alles gleich ist und die Unterscheidung aufzuheben. »Einheit in der Differenz« heißt bei ihm zusammengehören in und aus dem Unter-Schied als Unterschiedene. Was im Unter-Schied sich versammelt sind Unterschiede, die Unterschiede machen. Insofern sind sie alle dasselbe. Doch kein Unterschied ist wie der andere, sie gleichen sich nicht, sondern unterscheiden sich wiederum.

26. Insofern stellt sich hier die von Stephan (1999; 2001) untersuchte Frage nicht, ob die unterschiedlichen Emergenzbegriffe, die er ausgemacht und sowohl in systematischer, wie in historischer Hinsicht untersucht hat, mit dem physikalischen Reduktionismus verträglich sind oder nicht.

27. Selbst Heideggers pastorale Metapher vom »Hirt des Seins« (Hum, 34 u.a.O.; VA 93f.) weist dem Dasein als Hüter des Seins keine Zentrale, Spitzen- oder gar Heilsstellung im Kosmos zu, obgleich sein Denken ein messianisches Moment enthält (vgl. Anm. 4). Heideggers Philosophie mag, so scheint es wenigstens manchmal, in Michael Endes Reich »Phantasien« oder in Tolkiens

»Mittelerde« angesiedelt zu sein, vielleicht sogar in den unendlichen Weiten des Star Trek-Universums oder des Star Wars- Epos. Es handelt sich um wunderbare Geschichten, und auch Heidegger neigt dazu, wunderbare Geschichten zu schildern. So erzählen für Caputo Heideggers Ethymologien eine »transzendentale Geschichte«. Sie erzählen eine gute, aber doch unglaubwürdige Geschichte wie »Camelot«. Heidegger, so Caputo, hätte vielleicht eine andere ›Geschichte‹ geschrieben, »wäre seine Perspektive eine Geschichte der Macht statt einer Poetik der Wahrheit »gewesen« (81). Evtl. hätte er dann die Machtverhältnisse im alten Griechenland nicht großzügig übersehen, und sich verwundert gefragt, ob »Frauen und Sklaven an der Lichtung teil[nehmen]«, oder ob »die Sklaven, die die Quader für die Tempel schleppten, auch Anteil am ›Ins-Werk-setzen der Wahrheit‹ [haben]« (81). Wohl- oder auch Übelwollend könnte dieses großzügige Übersehen als ein großzügiges Übersehen in einem dreifachen Sinne ausgelegt werden. Das Übersehen in dem von Caputo verwendeten Sinne kann dann als notwendige Form der »Betriebsblindheit« interpretiert werden. Um z.B. das weite Feld der Seinsgeschichte übersehen zu können, muß nicht nur von tatsächlich oder vermeintlich Nebensächlichem abgesehen, es also bewusst übersehen werden, sondern vieles und womöglich Wesentliches wird von der notwendig hohen Warte der Betrachtung aus, die eben einen weiten Überblick ermöglicht, schlicht und ergreifend vergessen, nicht gesehen, eben übersehen. Vieles aber was unter dem Überblick marginalisiert und ruhigem Gewissens übersehen wird, ist unter Umständen Wesentliches. Wie dem auch sei, nach Heidegger kann Sklaverei, in welcher Art auch immer, als eine Weise der Herrschaft des Gestells ausgelegt werden, das Menschen unter den verfügenden Bestand stellt, als Arbeitskraft, als Soldat, als Sexualobjekt, als Menschenmaterial usw. (vgl. u.a. GA 79. TK, 23ff.). Die wahren Helden sind auch bei Heidegger, wie in jeder guten Geschichte, die scheinbar Schwachen, aus der Zusammenhangsstruktur (der sozialen, politischen, psychischen oder eben seinsgeschichtlichen) Herausgebrochenen, die zerbrechlichen und gebrochenen Charaktere, die eben nicht zerbrechen, sondern eine neue Zusammenhangsstruktur erstreiten, in dem sie mit sich selbst und mit anderen, mit guten und bösen Mächten, wie Jakob am Jabbock sogar mit Gott und Engeln (1. Mose 32. 23f.), durchaus im Heideggerschen Sinne, um die Wahrheit ringen. Caputo schreibt aber auch: »Ich argumentiere hier dafür, dass Heideggers Ansatz bestärkt, nicht geschwächt wird, wenn man ihn aus dieser Geschichte herauslöst, wenn man einsieht, dass diese Geschichte bloß eine gute Geschichte ist und dass sein wesentliches Denken nicht davon abhängt, ob man eine unwahrscheinliche Geschichte schluckt.«(1993, 82)

28. Dichtung ist ein selbstreferentielles Denken 2. Ordnung. Dichter und Denker »wohnen« nach Heidegger »nahe [...] auf getrennten Bergen«. Ihr Denken ist »von gleicher Herkunft. [...] Der Denker sagt das Sein, der Dichter nennt das Heilige« (WiM, 46). Das Sagen bleibt auch auf der selbstreferentiellen Ebene systematisch, während das Nennen in vollständigerer Weise selbstreferentiell ist. Im Nennen des Namens, wie im Bilden der Kunst verdichtet sich

die selbstreferentielle Weise unseres Gegebenseins in eins mit der Welt zu einer in sich geschlossenen selbstbezüglichen und selbstreflexiven Präsentation. Nennen, Bilden, Dichten sind Weisen der Präsentation nicht der Repräsentation.

29. Heidegger weist schon in SuZ darauf hin, dass das Wort »sein« »als Infinitiv des ›ich bin‹, d.h. als Existenzial verstanden, [...] wohnen bei [...], vertraut sein mit [...], [bedeutet]«. (54) »Wohnen« ist das, wie Kawahara meint, »am glühendsten geliebte und deswegen am häufigsten im positiven Sinne gebrauchte Wort« (Kawahara 1989, 59). Heidegger nimmt häufig Bezug auf die Etymologie des Wortes, z.B. in: VA, 146ff., Hum, 42f., (weitere Hinweise, Kawahara 1989, 59).

30. Das Wort »Be-wëgen« entnimmt Heidegger der schwäbisch-allemannischen Mundart und stellt eine Beziehung zum Wort »Tao« des Laotze her. Das Tao legt er als den »alles be-wëgende[n] Weg« aus, als »dasjenige woraus wir erst zu denken vermögen, Vernunft, Geist, Sinn, Logos eigentlich, d.h. aus ihrem eigenen Wesen (Verbalsubstantiv/B.N.) her sagen möchten«. Die Methoden sind in diesem Sinne für Heidegger bloß (Seiten)wege, vielleicht sogar Abwege oder Sackgassen. Letztlich aber »[ist] alles [...] Weg« (UzS, 198).

31. Ich kann mich nicht an diese maschinistische Redeweise gewöhnen, die durch den metaphorischen Gebrauch des Begriffs »Maschine« Unterschiede zwischen biologischen Systemen und von Menschen hergestellten, eben technischen, maschinellen Systemen nivelliert. Maschinen sind für mich artifiziell (Techne, nicht Physis), gleich aus welchem Material sie bestehen.

32. Vgl. dazu auch im Folgenden Heideggers Ausführungen zu den vier Weisen des Verschuldens in: TK, 7–11, sowie Nunold 2003, 202f.).

33. Heidegger empfindet gerade die Notlosigkeit als höchste Not. Die Notlosigkeit besteht für ihn darin, dass die Wahrheit als fraglos gewiss, als machbar und errechenbar erscheint. Sie besteht gerade darin, dass die »innerste[...] Fragwürdigkeit des Daseins« nicht erfahren wird (GA 39, 134, vgl. u.a. BPh, §§ 53ff., 60ff.)

34. Bloch kennt noch eine weitere Weise des Anziehens. Er schreibt: »Meinen als Intention, Tendenz ist das Material, zu dessen Erschließung der Gedanke da ist, als Klärungsstelle des Meinens, und die Welt ist das Feld, worin er sich anzieht. Anzieht im doppelten Sinne: sowohl derart, dass das pure Dass des Meinens sich bekleidet, wie derart, dass es sich zielstrebig anzieht, um an sein eigenes Ende zu kommen. Um seine Unmittelbarkeit durch die Welt hindurch mit sich endlich zu vermitteln und dahin und einzuschlagen« (Bloch 2000, 54).

35. »Gleichzeitig wirken freilich derartige Automatismen nur im großen Ganzen, während die Feindynamik von selbstähnlichen Fühl-, Denk- und Gedankenwegen in einer bestimmten affektiven

Stimmung fortwährend durch äußere Einflüsse – also durch den ›Lärm‹ im kybernetischen Sinne – situationsgerecht abgewandelt wird. Gerade eine solche unendliche Wandelbarkeit der Feinstruktur innerhalb eines vorgegebenen Rahmens aber haben wir weiter oben als Charakteristikum eines ›seltsamen‹ deterministisch-chaotischen Attraktors kennengelernt.« (Ciompi 1997, 154, vgl. 141f.) In diesem Sinne ist Hegels Idee des Absoluten ebenso ein seltsamer Attraktor wie die seiner Dialektik oder die des Seins oder der Aletheia Heideggers oder alle anderen mehr oder weniger fixen Ideen, meine eingeschlossen. (In Heideggers Begriff der »Sage des Seins« – ein poetischerer Ausdruck als »Lärm« oder »Störung« – verdichten sich übrigens sowohl die Vorstellung eines Anspruchs und eines In-den-Anspruch-genommen-seins als auch die Vorstellung, dass es hier etwas zu verstehen gibt. Wäre das Sein nicht schon unvordenklich »logisch« oder Logos, gäbe es wohl keine Logik, keine Bio-, Psycho-, Sozio- logie etc., keine Forschungslogik, keine Sprache, überhaupt nicht die Möglichkeit etwas zu verstehen.)

36. Das ist durchaus analog zu verstehen zu einer »Ökologie des Geistes« im Sinne von Bateson (1983). Zur Ökonomie der Stimmungen vgl. Han 1996.

37. Unser Leib ist, wie Merleau-Ponty sagt, ein »zweiblättriges Wesen« mit einer »doppelten [...] Zugehörigkeit zur Ordnung des ›Objekts‹ und des ›Subjekts‹« (SU., 180) und »jede der beiden Seinsweisen [ist] Archetyp der anderen«, denn der »Leib (corps)« gehört »zur Ordnung der Dinge«, und »die Welt [ist] universelles Fleisch (chair)« (SU; S.181). Welt ist für Merleau-Ponty wie für Heidegger nicht die Gesamtheit des Seienden im Ganzen, sondern der Ort und zugleich das Geschehen unserer »Verwickeltheit ins Sein« (SU, 117).

38. Für die Begriffe »Affekt«, »Gefühl«, »Emotion«, »Stimmung«, »Leidenschaft«, »Launen«, »Gemüt«, »Gemütsbewegung« usw. findet sich in der Literatur keine einheitliche Definition. Dieselben Begriffe werden in unterschiedlicher Weise gebraucht. Häufig wird das Gefühl als objektbezogen und die Stimmungen als objektlos bestimmt, Affekte aber als kurz und heftige Gefühlsaufwallungen. Ciompi hingegen bemüht sich um einen einheitlichen »handlichen und klaren Oberbegriff ohne jegliche kognitiven Einsprengsel, der sämtliche in der Literatur oder Umgangssprache genannten Charakteristika von affektiven Erscheinungen umfaßt«. Er schreibt: »Ein Affekt ist eine von inneren oder äußeren Reizen ausgelöste, ganzheitliche psycho-physische Gestimmtheit von unterschiedlicher Qualität, Dauer und Bewußtseinsnähe.« (1997, 67) Ich denke, mit diesem Oberbegriff lässt sich gut arbeiten, da alle affektiven Phänomene von kurzem Gemütsaufwallungen bis hin zur verzehrenden Leidenschaft, anhaltenden Sehnsüchten, Wünschen, Motivationen und sogar der »eiserne« Wille darunter subsumiert werden kann (vgl. Ciompi, 1997, 62–70, 84–89). Ciompi bestimmt mit Piaget den Willen als »eine übergeordnete ›affektive Regulation von Regulationen‹«, als ein »kompakter und schwächere Affekte regulierender Affekt« (87). Zu den unterschiedlichen Bestimmungen dessen, was ein Affekt oder ein Gefühl etc. sei, vgl. u.a. Fink-Eitel, 1986, Ritter, Bd. 1, 90ff.; Bd. 3, 82ff.

39. So sind auch für Platon, der die Affekte dem Begehren zuordnet, welches der Vernunft entgegengesetzt ist, nicht schlicht unvernünftig oder alogisch also kein absolutes Alogon. Sie sind nur insofern unvernünftig als sie die Vernunft dominieren und nicht in ein vernunftgeleitetes Leben integriert werden. Da das Begehren sich nicht bewusst für oder gegen etwas entscheiden kann, bedarf es der Vernunft, die bewusst ihre Ziele setzt. Andernfalls wird der Mensch zum Sklaven seiner Affekte. Affekte eröffnen allerdings auch für Platon dem Menschen Handlungsspielräume oder -möglichkeiten und sind der Vernunft nicht grundsätzlich zuwiderlaufend, denn es gibt auch die Wissbegierde und die Wahrheitsliebe (vgl. dazu, Eming 1999, s.a. Kaufmann 1992, 21–26). Die Stoa ist Platon bezüglich seiner Systematisierungsversuche der Affekte gefolgt. Der Gegensatz zwischen Affekt und Vernunft wird aber radikalisiert. Die Pathe, die Leidenschaften gelten als unvernünftige Antriebe, die unreflektiert übernommen zu antriebsbedingten Meinungen (Doxai) werden. Chrysippos, der von einem den ganzen Menschen durchherrschenden Logos ausgeht, bestreitet die Existenz unlogischer Affekte. Leidenschaften sind für ihn Fehlurteile (vgl. Craemer-Ruegenberg, 1993; zur Stoa vgl. u.a. Pohlenz, 1964; Forschner 1981, 114–142, s.a. Kaufmann 1992, 33–40). Weder für Platon noch für Aristoteles sind die Pathe per se unlogisch, noch handelt es sich um Fehlurteile. So sind für Aristoteles Handlungen nicht etwa deshalb unvernünftig, weil sie aus einem Gefühl heraus geschehen, sondern weil sie falschen, nicht am Guten ausgerichteten Überzeugungen folgen. Guten Handlungsabsichten liegen immer »gute« Gefühle, sei es nun Zorn, Liebe, Furcht oder Mitleid zu Grunde. Der Zorn ist nicht deshalb unvernünftig, weil er sozusagen »zornig« ist, sondern nur, wenn er sich nicht am Guten und damit am Vernünftigen orientiert. Von Aristoteles her betrachtet, relativiert sich Kants Dualismus von Vernunft und Neigung (vgl. Kaegi, 1999, zu Aristoteles vgl. auch Kaufmann, 1992, 27–32). Das Gefühle die Urteilskraft nicht unbedingt trüben und ihr sogar förderlich sein können, sondern dieser sogar notwendigerweise immanent ist, ist in der Geschichte bis heute immer wieder betont worden. Einen Überblick bietet Meier-Seethaler 1998.

40. Dass Gefühle Orientierungs- und Leitfunktionen haben, ist inzwischen auch »hardcore KI-lern« nicht verborgen geblieben. Und so wird versucht, kybernetischen Maschinen das Fühlen beizubringen. Dass es dabei so etwas wie eine »Simulationsgrenze« gibt, unterhalb der Denken und Fühlen simuliert und nicht gedacht und gefühlt wird, wird zum Teil vehement bestritten (vgl. Dörner 1999; Spiegel 9/1996, S.118–124).

41. Auf die Funktion der Affekte in sozialen Zusammenhängen kann ich hier nicht weiter eingehen. Sowohl Ciompi (vgl. u.a. 1993; 1997, bs. 309–342, 1997a;) als auch Heidegger (vgl. u.a. GA 39, ß 9 vgl. ß 4; GA 52, §§ 27ff.) haben sie gesehen und betont. In sozialen Zusammenhängen werden Gefühle gerade auch für die Philosophie interessant. Besonders in der Ethik wird ihnen eine größere Aufmerksamkeit zuteil. Einen Überblick bei Meier-Seethaler 1998, siehe auch Kaufmann 1992.

42. Heidegger entwirft das Bild vom Menschen als »Hirt des Seins« (Hum, 34). Dieses Bild mag als Ausdruck einer kitschig-pastoralen, miefig kleinbürgerlichen Idylle oder gar als Ausdruck einer verkappten Wirtschaftsontologie (Anders, I, 186f., II, 281) verstanden werden. Jedenfalls eröffnet dieses Bild uns eine Grundwahrheit unserer Existenz: Was auch immer der Hirte hütet, er ist existentiell auf es angewiesen, mehr als dieses auf ihn. Es ist seine Lebensgrundlage, sie sichert und gewährt ihm seine Existenz. Für es oder das Sein mag es keinen Grund geben, uns Menschen zu erhalten, beide kommen ohne uns zu recht. Aber für uns spielt es eine große Rolle, ob wir »gute Hirten« sind oder es verwahrlosen lassen, ob wir es beieinander versammelt oder sich zerstreuen lassen usw. Es ist unsere Lebensgrundlage und unsere Rettung in der Not. Und wenn wir überhaupt noch zu retten sind, dann sollten wir pfleglich, schonend mit ihr umgehen. Schließlich und endlich hängen wir am Leben, wenigstens meistens. Das ist ein aus der Not gewendeter Grund und ein hinreichender für uns zumal.

43. Das, was wir her-vor-bringen, wird zu einer Wirklichkeit, die Auswirkungen hat, auch auf die Wirklichkeit, die nicht, noch nicht oder nie als unsere Wirklichkeit ins Bewusstsein tritt. Wir können uns gar nicht vorstellen, ja nicht einmal gefühlsmäßig vorausahnen, was wir anstellen können (erinnert sei an den berühmten »Schmetterlingseffekt«). Günther Anders hat in seinen Schriften immer wieder das Missverhältnis angeprangert, das darin besteht, dass wir uns nicht vorstellen können, was wir herstellen oder besser anstellen oder anrichten, dass wir den Effekten unseres Produzierens und unserer Produkte nicht gewachsen sind, weder intellektuell noch emotional. Er hat dafür das Wort vom »prometheischen Gefälle« geprägt (1972, 96). Von ihm stammt der Gedanke, den später Hans Jonas in seinem »Prinzip Verantwortung« (1979) übernommen hat, nämlich, das wir endlich das Fürchten lernen sollen, vor uns selbst, vor unseren Machenschaften und den unvorstellbaren Auswirkungen in Raum und Zeit. Und er stellt das Gebot auf: »Ängstige deinen Nachbarn wie dich selbst« (Anders, 1972, 98). Heidegger hat die »Machenschaften« und das »Gestell« als die Versammlung allen Stellens, Her- und Anstellens häufig thematisiert (vgl. u.a. TK, GA, 79, BPh, §§ 50–80). Die »Not der Notlosigkeit« besteht in der Selbstüberschätzung und Selbstüberhebung (Hybris), in aller Fraglosigkeit zu meinen, wir hätten Macht über uns und die Wirklichkeit und alles unterliege unserem Gemächte. Und mit Sophokles und Hölderlin ist der Mensch für Heidegger das »Unheimlichste des Unheimlichen« (vgl. auch im Folgenden. GA, 53, bs. §§ 10–21). Er ist es, weil er aus dem und in das Unheimliche, das Ungeheure das Chaos ek-sistiert und gerade dieses als seinen (Ab)grund nicht übernimmt, ihn vergisst (Heidegger spricht daher auch von Seinsvergessenheit). Er wendet sich so von seinem Wesen (Verbalsubstantiv) ab und gegen es, gegen das Geschehen, das ihn als Mensch, als Da-sein-in-der-Un-Verborgenheit erst ermöglicht. Als dieses Um- oder Gegenwendige ist der Mensch für Heidegger nicht nur eine, sondern *die* Katastrophe (GA 39, 94). »Das Heimischwerden im Unheimischen« (GA 39, §§ 20f.), im Chaos als dem Ab-Grund besteht eben darin, es als Grund seines Daseins zu

übernehmen und eingedenk seiner auf der Erde zu wohnen und sie zu schonen (vgl. u.a. VA 139–156, 181–198). In diesem Sinne hat Marquard recht, der wiederholt gesagt, dass es nicht, wie Marx noch meinte, darauf ankommt, die Welt zu verändern, sondern sie zu verschonen, nämlich von unseren Machenschaften.

44. Was Willensfreiheit, Gedankenfreiheit und Verantwortung etc. unter chaos- und systemtheoretischen Voraussetzungen bedeuten kann, ist schwer zu fassen und es mangelt nicht an Versuchen. Ich möchte hier nur auf den Versuch von Luc Ciompi verweisen (1997, 331–342).

45. Es besteht über einige Umwege eine etymologische Verwandtschaft zwischen dem griechischen Wort »Phasis« und dem lateinischen »Fatum«: Götterspruch, Weissagung, Götterwille, Schicksal, Geschick, Verhängnis, Weltordnung etc. über »Pheme«: Spruch, Ausspruch, Sage, Offenbarung, Gerücht, Götterspruch usw., lat.: fama.

46. Horster führt aus, dass zwischen Moral und Ethik zu unterscheiden ist. »Der moralische Bereich ist [...] untrennbar verknüpft mit jenem Beziehungsgeflecht der sozialen Interaktion, die unsere Lebenswelt ausmachen«. Während »der ethische Bereich privat« ist (1999, 427f.). Die Moral gilt für alle gleich und zwar die »Moral der wechselseitigen Anerkennung« (z.B. von Freiheitsrechten), »die den sozialen Bereich der Moral bildet. Sie ist die Basis für die Möglichkeit der individuellen autonomen Prioritätssetzungen bestimmter moralischer Werte und setzt ihr zugleich Grenzen« (Horster 1999, 451).

47. Der Faktor, um den sich das Intervall zwischen einer Bifurkation und dem nächsten Chaos verkürzt hat bei nichtlinearen Systemen den konstanten Wert 4,66920160... und wird als Feigenbaumsche Konstante bezeichnet. Chaos tritt durch Zufuhr an Energie, z.B. Adrenalin, stets wieder am gleichen (nicht am selben) Punkt auf.

48. Den Ur-Sprung des ganzen Verhängnisses beschreibt der erste Schöpfungsbericht der Bibel (Gen.1ff.). Gott schafft Differenzierungen und Redundanzen im Chaos, dem Tohu wawohu. Nach jedem Schöpfungsakt stellt er mit formelhafter Regelmäßigkeit fest, dass es gut war. Das geht solange gut bis er die Tiere schafft. Auch jetzt stellt er zwar noch fest, dass es gut war, aber er sieht sich veranlasst, sie zu segnen. Anschließend schafft er die Menschen. Jetzt sieht Gott nicht mehr, dass es gut war. Er segnet sie, sozusagen vorsichtshalber. Die Frage ist doch, warum brauchen Mensch und Tier Gottes Segen? Bis hin zum Tier kann im Grunde nichts schiefgehen. Die Schöpfung ist eingebunden in ein festes aber sanftes Gesetz, aus dem heraus sie sich selbst erhält und, so Gott will, ausdifferenziert und weiterentwickelt. Erstmals beim Tier treten Formen der Selbstgegebenheit auf. Die Instinktbindung ist nicht bei allen Tierarten so stark, dass sie keine Freiräume für Entscheidungen ließe. Zumindest die sogenannten höheren Tiere haben, wenn auch im begrenzten Maße, ihren eigenen Willen. Das Ganze ist zwar in

Gottes Augen noch gut, doch die gesamte unbewusst-autopoietische Teleonomie der Natur ist erstmals »gestört«. Er segnet die Tiere daher vorsichtshalber. Die Menschen aber stehen so sehr in der Freiheit, und es ist fraglich, ob sie fähig sind, diese verantwortungsvoll zu übernehmen, dass zu befürchten steht, dass nicht nur die Menschen selbst durch ihr leichtsinniges Verhalten Schaden nehmen, sondern die ganze Natur. Sie haben Gottes Segen bitter nötig. Alles zusammen genommen jedoch erscheint Gott seine Schöpfung sehr gut. Die Freiheit des Menschen und die Gefahren, die sie birgt, gehören damit, laut Bibel, zum grandiosen Schöpfungsplan.

GLOSSAR

PARALLELISIERUNGEN UND SYNONYME BEGRIFFE:

BEGRIFFE (HEIDEGGER)	ASPEKTHAFTE SYNONYME BEI HEIDEGGERS (DASSELBE ABER NICHT DAS GLEICHE)	PARALLELISIERUNGEN
Seyn	– Sein Selbst – Verhältnis aller Verhältnisse – Ortschaft aller Orte und Zeit-Spiel-Räume – Physis – Nichts – Unter-Schied – Kluft – Zwischen – Riss – Chora – Chaos – Ur-sprung (räumlich betrachtet) – Aufklaffung absolute Wirklichkeit (energeia) – das Un-Geheure	– Prägeometrischer Grundzustand – Chaos
Ereignis	– Ur-sprung (Verbalsubstantiv) – Zerklüftung des Seyns – Aufklaffung	– Anfangssingularität – Initialemergenz – Brechung (Branching) der Zusammenhangsstruktur des Quantengrundzustandes – Urknall
Das Un-geheure	Physis	– Chaos – Medium – Umwelt
Das Geheure	Welt	System
Sage des Seins	– Phasis – Ur-kunde	

BEGRIFFE (HEIDEGGER)	ASPEKTHAFTE SYNONYME BEI HEIDEGGERS (DASSELBE ABER NICHT DAS GLEICHE)	PARALLELISIERUNGEN
Anspruch (durch die Sage des Seins)		– (kybernetischer) Lärm – Noise – Störung – Perturbation
Stimmungen		– Leidenschaften – Pathe – Perturbationes – Erregungen – Verwirrungen – Affekte – Gefühle
Angeloi Daimones	– Die Winkenden – (Ein)weisenden – (Ein)stimmenden	– External demon – internal demon – Sensoren – selektive, organisatorische, integrative Aufgaben der Affekte
Zwiefalt		Bipolarität
Geviert		– Phasenraum, – Hyperraum, – Transformationsraum

BEGRIFFSERKLÄRUNGEN:

ALETHEIA-STRUKTUR: Die Struktur allen Seins zwischen Verbergung und Entbergung (A-letheia, griech. Un-Verborgenheit, Ent-bergung). Nur weniges liegt offen zu Tage. Vieles bleibt uns verborgen. Dies nicht nur, weil unser Blick verstellt ist. Die Verborgenheit gehört wie die Unverborgenheit zum Sein alles Seienden. Sie ist ihm wesentlich. Ebenso wie die Verborgenheit der Verborgenheit. Uns wird diese gar nicht erst bewusst. Damit wird die Entborgenheit der Dinge für uns zu etwas Selbstverständlichem und als solches gar nicht mehr wahrgenommen. Sie bleibt als Unverborgenheit verborgen. Das → Sein und das → Seyn bleibt uns meist verborgen. Entborgen und Selbstverständlich ist uns nur das Seiende. Heidegger spricht daher von Seinsvergessenheit. Die Verborgenheit kann uns aber entborgen sein. Damit ist nicht etwa das Geheimnis des Seins (was auch immer das sein mag) preis gegeben, sondern es wird uns offenbar, dass es überhaupt Verborgenes gibt und sei es auch das Sein selbst. Ein Geheimnis bleibt schließlich auch nur solange ein Geheimnis, wie unverborgen ist, dass es ein Geheimnis gibt, wird es entborgen, ist es kein Geheimnis mehr.

ALLOPOIESIS: Her-vor-bringung durch anderes, → TECHNE. Autopoietische Systeme haben den Aufbruch (Telos) ihres Her-vor-bringens nicht in sich selbst, sondern in einem anderen.

ANFANGSSINGULARITÄT: Die Anfangssingularität ist selbst *kein* → EREIGNIS in der vierdimensionalen Raumzeit, das zwar keine Vorgänger, dafür aber Nachfolger hat. Sie ist der → UR-SPRUNG, durch den und in dem so etwas wie Raumzeit und Ereignisse erst möglich werden, → Initialemergenz , → DAS EREIGNIS, → EMERGENZ, → NICHTSTANDARD-TOPOLOGIE.

ANTIMORPHISMUS: → EMERGENZ.

AUTOPOIESIS: Autopoiesis meint nicht allein an Sich-selbst-her-vor-bringen, sondern ebenso die Verfügung über sich selbst. Autopoietische Systeme haben ihren Zweck (Telos) in sich selbst. Sie sind selbst(re)produzierend und strukturell determiniert, d.h. die jeweilige Struktur bestimmt in wieweit ein lebendes System sich verändern kann, ohne seine autopoietische Organisation einzubüßen und zu sterben. Sie sind operationell geschlossen, d.h. sie können ausschließlich mit ihren Eigenzuständen nicht aber mit systemfremden Komponenten operieren. → PHYSIS, → ALETHEIA-STRUKTUR.

BEDEUTUNGSTHEORETISCHER EXTERNALISMUS: Davidson konstatiert das Bestehen einer objektiven, gemeinsamen mit allen Menschen geteilten Wirklichkeit.

BIFUKATION: Verzweigung oder Gabelung in den Reaktionsmöglichkeiten eines → Systems. Eine beliebige und womöglich winzige Fluktuation, sorgt dafür, wenn die Instabilität eines Systems ein kritisches Maß erreicht hat, eine neue Entwicklung herbeizuführen. Welche Entwicklung es nimmt, ist nicht vorhersagbar. Beispiel: Eine Murmel wird auf die Kante eines Lineals gelegt. Es bestehen jetzt zwei Reaktionsmöglichkeiten. Entweder sie fällt links oder sie fällt rechts herunter. Der Punkt, an dem die Gabelung sich ereignet, wird als Bifurkationspunkt bezeichnet.

CHAOS: griech. gähnende, unbegrenzte Leere, das Klaffende, die Kluft, der Schlund, klaffender Abgrund. Im Sinne der Chaostheorie meint »Chaos« deterministisches Chaos. Ein deterministisches System gilt als chaotisch, wenn eine beliebig kleine Änderung der Anfangsbedingungen zu qualitativ vollkommen anderen, unerwarteten Wirkungen führt, → BIFURKATION. Systeme die in ihren Anfangsbedingungen beliebig nahe beieinander liegen, also sehr ähnlich sein können, sind bereits nach einer endlichen Zeitspanne beliebig weit von einander entfernt, verhalten sich also völlig unterschiedlich. Ähnliche Ursachen führen zu äußerst verschiedenen Wirkungen (Sensibilität der Anfangsbedingungen).
»Chaos« im umgangssprachlichen Sinne meint Durcheinander, Unordnung. Dem entspricht in etwa der thermodynamische und informationstheoretische Begriff von Chaos als größtmögliche Entropie. Alle Mikrozustände des Makrozustandes eines geschlossenen Systems sind realisiert.
»Chaos« ist ein Grenzbegriff. Es ist sozusagen nur noch nennbar, aber nicht mehr beschreibbar. Er nennt den → FRAGKTGENen, prägeometrischen, a-zeitlichen und a-metrischen → GRUNDZUSTAND, das → SEIN selbst, → SEYN. Chaos« meint *das* Verhältnis aller Verhältnisse, *das* Gefüge aller Gefüge, das Seyn. Hier geht es also nicht allein um die einfache ontologische Differenz zwischen Sein und Seiendem, sondern um die Differenz aller Differenzen, den → Unter-Schied, ohne den kein Unterschied einen Unterschied machen würde. In diesem Sinne sind Seyn und → NICHTS dasselbe. Es ist der Grundzustand, der Ab-grund, als der → UR-SPRUNG allen Seins, und in sich Prozesshaft, → CHORA → PHYSIS.

CHORA: Platons »Amme des Werdens« (Timaios, 49 a, vgl. 52 d). »Chora« bedeutet freier Raum, Zwischenraum, Platz, aber auch »Bedingung der Möglichkeit«. Saltzer bemerkt zudem, dass der »Stamm fast synonym mit ›Bewegung‹ (χωρέω/choreo) und ›Positionierung‹« ist (1997, Anm. 8, 323). Platons Chora ist das → CHAOS, der prägeometrische »Prae-Raum« (Saltzer 1997, 229) von Kräften durchherrscht und in sich Prozesshaft, → SEYN, → PHYSIS, → UNTER-SCHIED.

EREIGNIS: Ein Ereignis ist ein temporalisiertes und zeitpunktfixiertes Element und durch sein raum-zeitliches Vorkommen identifiziert und unwiederholbar.

DAS EREIGNIS: Der → UR-SPRUNG, das Zerbrechen oder die ZERKLÜFTUNG des → SEYNS, die →ANFANGSSINGULARITÄT, die → INITIALEMERGENZ.

EMERGENZ: Auftauchen, Zum-Vorschein-kommen (lat. emergere) neuer, wesentlicher und komplexerer, nicht reduktionistisch erklärbarer Eigenschaften eines Systems oder neuer Systeme aus Vorzuständen. Emergenz ist stets Emergenz von höherer struktureller → KOMPLEXITÄT.
Eisenhardt und Kurth beschreiben Emergenz in einer formalen Darstellung als Antimorphismus, d.h. als nichthomöomorphe Abbildung zwischen Vor- und Nachzuständen. Ein Antimorphismus beschreibt dabei die Brechung der Zusammenhangsstruktur der Systeme in einem solchen Übergang, → NICHTSTANDARD-TOPOLOGIE.

FRAKTALE: Fraktale Gebilde haben eine gebrochene Dimension, also keine gerade Zahl wie z.B. eine Strecke, die Dimension 1, eine Fläche 2, Würfel 3 usw. Sie sind stets irgendetwas dazwischen. Die fraktale Dimension gilt als ein Ordnungsmaß des deterministischen → CHAOS. Sie gibt an, wieviel unabhängige Variablen das Verhalten eines Systems bestimmen, das sich in dem Attraktorbereich bewegt. Fraktale Gebilde sind maßstabsunabhängig selbstähnlich. Fast alle Formen der Natur sind Fraktal. Bei hyperfraktalen Gebilden sind immer wieder neue selbstähnliche Strukturen eingeschachtelt (z.B. Mandelbrotmengen). Die Natur ist nicht unendlich ineinander verschachtelt. Untersuche ich etwa die Umrisslinie einer Schneeflocke, stoße ich nach der x-ten Vergrößerung auf die molekulare und atomare Struktur. Die makroskopische Selbstähnlichkeit und Verschachtelung endet wo die der Mikrostruktur beginnt. → FRAKTGEN.

FRAKTGEN: Den gebrochenen Zusammenhang der Figuren der → NICHTSTANDARD-TOPOLOGIE (NsT) bezeichnen Eisenhardt und Kurth (1993) in Analogie zur den → FRAKTALEn der fraktalen Geometrie als »fraktgen«. Der Zusammenhang der NsT und damit der Prägeometrie ist ein gebrochener Zusammenhang. Die NsT weist Selbstähnlichkeiten auf, die allerdings unordentlicher oder bizarrer sind, vor allem auf Grund der Durchdringungseigenschaften der nichtstandard-topologischen Figuren, als die Selbstähnlichkeit bei Gebilden der fraktalen Geometrie.

Grundzustand: Der praegeometrische, a-zeitliche, a-metrische Praeraum des Universums, aus dem die Möglichkeit von Raumzeit und jeder Metrik in einer → Initialemergenz erst hervorgeht. → Seyn, → Chaos, → Chora, → Ur-Sprung, → Anfangssingularität, → Ereignis, → Nichtstandard-Topologie.

Hermeneutischer Zirkel: Zirkel des Verstehens. Der Interpret ist auf die Unterstellungen angewiesen, der Sprecher wisse, worüber er spricht und sage diesbezüglich die Wahrheit, und er verfüge über ein System von Überzeugungen. Die Wahrheits- und die Konsistenzunterstellung sowie die Konsistenzmaximierung hängen zusammen.

- Der Interpret geht von Übereinstimmung mit dem Sprecher aus.
- Der Interpret stellt fest, daß es Mißverständnisse gibt (Krise).
- Bemühen um Wiederannäherung.

Der Interpret muß bereits verstanden haben, auch z.B. dass er nicht verstanden hat, um den Sprecher besser verstehen zu können. Keinem Sprecher irgendeiner Sprache ist es möglich, diesen Zirkel zu verlassen. Der Interpret springt aber nicht in einem ihm fremden Zirkel hinein, sondern nimmt an, dass es sich immer um denselben Zusammenhang handelt, in dem Sprecher (gleich welcher Sprache), Interpret und Welt stehen → bedeutungstheoretischer Externalismus.

Initialemergenz: → Der Ur-sprung, das Zerbrechen oder die Zerklüftung des Seyns ist als → Anfangssingularität die Initialemergenz. Sie ist das Ereignis, und als dieser Ur-sprung geschieht das → Seyn. Die Initialemergenz ist kein lokalisierbares Ereignis in der Zeit, sondern die Bedingung der Möglichkeit der Möglichkeit von Zeit und Raum, wie jeder nur denkbaren Metrik. Sie ist das Zerbrechen oder die Zerklüftung des Seyns, eine Brechung der Zusammenhangsstruktur des → Grundzustandes. → Emergenz, → Nichtstandard-Topologie, → Das Ereignis.

Komplexität: »Komplexität« im thermodynamischen und informationstheoretischen Sinne bezieht sich auf die Entropie eines Systems. Entropie ist im Rahmen der Thermodynamik ein quantitatives Maß für die Wahrscheinlichkeit potentieller Zustände eines physikalischen Systems. Hohe Entropie steht für große Homogenität und geringe Strukturiertheit. In der Informationstheorie ist die Entropie ein quantitatives Maß der Wahrscheinlichkeit einer Zeichen-

oder Signalfolge und kein Maß für die strukturelle Komplexität von Objekten oder Systemen. Hohe Entropie zeichnet sich auch hier durch hohe Homogenität und geringe Strukturiertheit aus. Ein absolut entropischer Zustand wäre unter beiden Gesichtspunkten ein Zustand größter Homogenität und größter Komplexität.
»Strukturelle Komplexität« meint die immanente Komplexität eines Systems bezüglich seiner Strukturen, Module, Subsysteme oder anderer Elemente. Ein in struktureller Hinsicht komplexes System wird als kompliziert bezeichnet, wenn es aus einer Vielzahl an unterschiedlichen Elementen, Strukturen, Modulen oder Subsystemen besteht, die selbst wieder operationell geschlossen sein können. Als lediglich komplex wird ein System bezeichnet, dass aus einer Vielzahl gleichartiger Elemente, Strukturen und Relationen besteht. Komplexe Systeme müssen nicht kompliziert sein, während komplizierte Systeme einen gewissen Grad an Komplexität voraussetzen. Die Kompliziertheit natürlicher komplexer Systeme ist das Ergebnis internalisierter → EMERGENZ, also ihrer Entwicklungsgeschichte.

NICHTS: das → SEYN, das → CHAOS, die → CHORA, der → UR-SPRUNG, der → UNTER-SCHIED als der prägeometrische, → FRAKTGENe Ab-grund des → SEINS. → GRUNDZUSTAND.

NICHTSTANDARD-TOPOLOGIE (NST): Wird die Zusammenhangsstruktur als n-facher Zusammenhang definiert, dann kann eine zusammenhängende Figur nicht als die Vereinigung von Teilmengen dargestellt werden. Die Figuren der NsT sind total unzusammenhängend. Für Eisenhardt und Kurth (1993) ist die NsT zugleich Prägeometrie, → NICHTS: das → SEYN, das → CHAOS, die → CHORA, der → UR-SPRUNG, der → UNTER-SCHIED. Ihre Zusammenhangsstrukturen sind gebrochen und in bizarrer Weise selbstähnlich, → FRAKTGEN.

PHYSIS: Für Heidegger ist die Physis das Wesen des Seins. Wesen meint keine Washeit (quidditas), sondern ist als Verbalsubstantiv zu lesen und meint das → SEIN in seiner Prozesshaftigkeit, in seinem Selbst-her-vor-ans-Licht-in-die-Un-Verborgenheit-bringen, seiner → AUTOPOIESIS. → ALETHEIA-STRUKTUR.

PRINCIPLE OF CHARITY: Der Name »Principle of Charity« ist irreführend. Es handelt sich nicht um eine karitative Annahme zum Wohle des Sprechers, wobei auch wir selbst für uns als Sprecher fungieren können. Davidson sieht

im Principle of Charity die notwendige Bedingung der Möglichkeit der Interpretation und letztlich auch der Übersetzung.
Fehler, Irrtümer werden erst feststellbar, wenn der Interpret dem Sprecher eine große Anzahl richtiger Überzeugungen unterstellt. Nur wenn Sprecher und Interpret gemeinsame richtige Überzeugungen haben, ist es möglich auszumachen, über welchen Gegenstand Uneinigkeit besteht. Jetzt erst eröffnet sich die Möglichkeit festzustellen, wer recht hat. Je mehr jemand recht hat, in dem, was er glaubt, um so schärfer treten seine Irrtümer hervor. Je mehr jemand sich irrt, desto undurchsichtiger wird das Ganze und desto schwieriger, Wahrheit und Irrtum zu trennen, auch dann wenn seine Aussagen sehr konsistent scheinen. Ein nicht wahnhaftes System ermöglicht Orientierungswissen und ist revidierbar. Verzichten wir auf das Principle of Charity, bleibt nur der *Verzicht* auf die Annahme, der Sprecher sei ein vernünftiges, sprachbegabtes Wesen.

SEIN: Ein Gefüge von Gefügen im Unterschied zum Gefügten, die Relationalität, die Verhältnishaftigkeit im Unterschied zu den Relata, dem Seiendem. Dieser Unterschied wird auch als ontologische Differenz zwischen Sein und Seiendem bezeichnet. Das Sein ist selbst nichts statisches, sondern Prozesshaft, ein Geschehen (Energeia/Wirklichkeit). → SEYN, → UNTER-SCHIED, → PHYSIS.

SEYN: Das → SEIN selbst als die absolute Relationalität von Relationen, auch von Relationen von Relationen usw., *das* Gefüge von Gefügen als das Verhältnis aller Verhältnisse. Es ist der → FRAGKTGENe, prägeometrische, a-zeitliche und a-metrische Grundzustand. Er ist kein Kontinuum, sondern ein Diskontinuum, → NICHTSTANDARD-TOPOLOGIE. In ihm findet aber alles seinen Ort und seine Zeit, findet alles zu seinem Sein. Das Seyn ist pure Prozesshaftigkeit und absolute Wirklichkeit (Energeia). → CHAOS, → GRUNDZUSTAND → UNTER-SCHIED → NICHTS → Chora.

TECHNE: Die Techne ist wie die Physis eine Weise des Entbergens, des Her-vor-bringens, aber eine, die solches hervorbringt, »was sich nicht selber her-vor-bringen kann und den Telos ihres Entstehens nicht in sich selbst hat. Sie ist → ALLOPOIESIS.

UNTER-SCHIED: Die ontologische Differenz, der sich stets wieder-holende → UR-SPRUNG zwischen dem → SEYN und dem → SEIN des Seienden.

UR-SPRUNG: → DAS EREIGNIS → INITIALEMERGENZ

W-PRÄDIKAT: Davidson fasst das W-Prädikat als *dreistellig* auf mit je einer Stelle für den Satz, den Sprecher und den Zeitpunkt. Daraus folgt das Wahrheitsschema:

- W:Für alle Sprecher x von L und alle Zeitpunkte t gilt: S, geäußert von x an t, ist wahr genau dann wenn p.
- W':Für alle Sprecher der deutschen Sprache und für alle t gilt: »Ich bin Krank« , geäußert von Lieschen Müller zum Zeitpunkt t, ist wahr genau dann wenn Lieschen Müller an t krank ist.

ZERKLÜFTUNG → DAS EREIGNIS

LITERATURVERZEICHNIS

LITERATURVERZEICHNIS:

- Anders, Günther (I / II): Die Antiquiertheit des Menschen Bd. I, 1956, Bd. II. 1980, München 1988 (Nachdruck).
- Anders, Günther (1972): Endzeit und Zeitende, München 1972.
- Anders, Günther (1979): Besuch im Hades, München 1979.
- Bateson, Gregory (1985): Ökologie des Geistes, Frankfurt/M. 1985.
- Benjamin, Walter (PW.): Das Passagen-Werk, 2 Bde., Frankfurt/M. 1983.
- Benjamin, Walter (BG.): Über den Begriff der Geschichte, in: Sprache und Geschichte, 141–154, Stuttgart 1992.
- Bense, Max (1951): Kybernetik oder die Metatechnik einer Maschine: in Merkur, Jg. V, H. 3, 205–218, 1951.
- Bloch, Ernst (2000): Logos der Materie, Frankfurt/M. 2000.
- Böhme, Hartmut (1985): Das Andere der Vernunft, Frankfurt/M. 1985.
- Bollnow, Otto Friedrich (1988): Das Wesen der Stimmungen, Frankfurt/M. 1988.
- Caputo, John D. (1993): Heidegger entmythologisieren – Alétheia und die Seinsgeschichte, 66–91, in: Michael Eldred (Hg.), Twisting Heidegger, Cuxhaven, 1993.
- Ciompi, Luc (1986): Zur Integration von Fühlen und Denken im Lichte der Affektlogik, Psychiatrie der Gegenwart I, Berlin, Heidelberg, New York, Tokio, 373–440, 1986.
- Ciompi, Luc (1993): Die Hypothese der Affektlogik, in: Spektrum der Wissenschaft, Februar, 76–87, 1993.
- Ciompi, Luc (1997): Die emotionalen Grundlagen des Denkens, Göttingen, 1997.
- Ciompi, Luc (1997a): Zu den affektiven Grundlagen des Denkens, in: System Familie, 10, 128–134, 1997.
- Ciompi, Luc (1998): Affektlogik, Stuttgart 1998(1. Aufl. 1982).
- Ciompi, Luc (2002): Gefühle, Affekte, Affektlogik, Wien 2002.
- Chouraqui, A.: Die Geschichte des Judentums, Hamburg o. Jg.
- Churchland, Patricia Smith (1995): Die Neurobiologie des Bewußtseins. Was können wir von ihr lernen?, in: Metzinger, Thomas (Hg.): Bewußtsein, Beiträge aus der Gegenwartsphilosophie, 463–490, Paderborn, München, Wien, Zürich 1995.
- Craemer-Ruegenberg, Ingrid (1993): Begrifflich-systematische Bestimmung von Gefühlen. Beiträge aus der antiken Tradition, in: Fink-Eitel, Hinrich,

Lohmann, Georg Hg.), Zur Philosophie der Gefühle, 20–32, Frankfurt/M 1993.

- Der Spiegel (9/1996): »Was mache ich hier?«, Bericht über und Gespräch mit Dietrich Dörner, 118–124, H. 9, 1996.
- Davidson, Donald (1982): »Paradoxes of irrationality«, in: philosophical Essays on Freud, Wollheim, R., Hopkins, j., (Hg.), Cambridge 1982.
- Davidson, Donald (1994): Wahrheit und Interpretation, Frankfurt/M. 1994.
- Dörner, Dietrich (1999): Bauplan für eine Seele, Hamburg 1999.
- Eisenhardt, Peter/Kurth, Dan (1993): Emergenz und Dynamik, Cuxhaven, 1993.
- Eisenhardt, Peter/Kurth, Dan/Stiehl, Horst (1995): Wie Neues entsteht – Die Wissenschaft des Komplexen und Fraktalen, Reinbek bei Hamburg 1995.
- Eming, Knut (1999): Die Unvernunft des Begehrens. Platon über den Gegensatz von Vernunft und Affekt, in: Hübsch, Stefan, Kaegi, Dominic (Hg.), Affekte. Philosophische Beiträge zur Theorie der Emotionen, 11–31, Heidelberg 1999.
- Fink-Eitel, Hinrich (1986): Affekte. Versuch einer philosophischen Bestandsaufnahme, in: Zeitschrift f. Philo. Forschung, Bd. 40, 520–542, 1986.
- Freud, Sigmund: Gesammelte Werke XIII, XIV, XV, XVI, London 1940/41.
- Forschner, Maximilian (1981): Die stoische Ethik, Stuttgart 1981.
- Günther, Gotthard (1978): Idee und Grundriß einer nicht-aristotelischen Logik, Hamburg 1978.
- Günther, Gotthard (1976/79/80): Beiträge zur Grundlegung einer operationsfähigen Dialektik, 3 Bde., Hamburg 1976,1979, 1980.
- Gulick, van (1988): Funktionalist Plea for Self-Conciousness , The Phil. Rev., Vol. XIII, 2, 149–181, 1988.
- Guzzoni, Ute (1980): ›Anspruch‹ und ›Entsprechung‹ und die Frage der Intersubjektivität, in: Guzzoni, Ute (Hg.), Nachdenken über Heidegger, 117–185, Hildesheim, 1980.
- Han, Byung-Chul (1996): Heideggers Herz. Zum Begriff der Stimmungen bei Martin Heidegger, München, 1996.
- Hegel, G.W.F. (PhG.): Phänomenologie des Geistes, Frankfurt/M., Berlin, Wien 1973.
- Hegel, G.W.F. (VÄ.): Vorlesungen über die Ästhetik, 3 Bde. (Werke 13–15), Frankfurt/M. 1986.
- Heidegger, Martin (Hw.): Holzwege, Frankfurt/M. 1950.

- Heidegger, Martin (WiM.): Was ist Metaphysik, 1949.
- Heidegger, Martin (1954): Aus der Erfahrung des Denkens, Pfullingen 1954.
- Heidegger, Martin (VA.): Vorträge und Aufsätze, Stuttgart 1954.
- Heidegger, Martin (SG.): Der Satz vom Grund, Pfullingen 1957.
- Heidegger, Martin (ID.): Identität und Differenz, Pfullingen 1957.
- Heidegger, Martin (UzS.): Unterwegs zur Sprache, Pfullingen 1959.
- Heidegger, Martin (WW.): Vom Wesen der Wahrheit, Frankfurt/M. 1967.
- Heidegger, Martin (SdD.): Zur Sache des Denkens, Tübingen 1969.
- Heidegger, Martin (KPM.): Kant und das Problem der Metaphysik, Frankfurt/M. 1973.
- Heidegger, Martin (ZS): Zur Seinsfrage, Frankfurt/M. 1977.
- Heidegger, Martin (Wm.): Wegmarken, Frankfurt/M. 1978.
- Heidegger, Martin (TK.): Die Technik und die Kehre, Pfullingen 1978.
- Heidegger, Martin (GA. 55): Heraklit, Frankfurt/M. 1979.
- Heidegger, Martin (GA. 51): Grundbegriffe. Freiburger Vorlesungen vom SS 1941, Frankfurt/M. 1981.
- Heidegger, Martin (EHD.): Erläuterungen zu Hölderlins Dichtung (GA. 4), Frankfurt/M. 1981.
- Heidegger, Martin (HEH.): Hölderlins Himmel und Erde, in: Erläuterungen zu Hölderlins Dichtung (EHD. / GA. 4), 152–181, Frankfurt/M. 1981.
- Heidegger, Martin (KR.): Die Kunst und der Raum, in: Aus der Erfahrung des Denkens (GA. 13), 203–220, Frankfurt/M. 1983.
- Heidegger, Martin (GA. 52): Hölderlins Hymne ›Andenken‹, Frankfurt/M. 1992.
- Heidegger, Martin (SuZ.): Sein und Zeit, Tübingen 1993.
- Heidegger, Martin (GA. 53): Hölderlins Hymne ›Der Ister‹, Frankfurt/M. 1993.
- Heidegger, Martin (BPh.): Beiträge zur Philosophie (GA. 65), Frankfurt/M. 1994.
- Heidegger, Martin (GA. 79): Freiburger und Bremer Vorträge, Frankfurt/M. 1994.
- Heidegger, Martin (EiM.): Einführung in die Metaphysik, Tübingen 1998.
- Heidegger, Martin (GA. 39): Hölderlins Hymnen ›Germanien‹ und ›Der Rhein‹, Frankfurt/M. 1999.
- Heidegger, Martin (Hum.): Über den Humanismus, Frankfurt/M. 2000.
- Hölderlin (SW. IV): Sämtliche Werke, Hg. Friedrich Beissner, Stuttgart 1943-1972.

- Hogrebe, Wolfram (1992): Metaphysik und Mantik, Frankfurt/M. 1992.
- Hogrebe, Wolfram (1997): Erkenntnis und Ahnung, in: Sitzungsberichte d. Sächs. Akademie d. Wiss. zu Leipzig, Bd. 134, H. 5, Berlin. 1997.
- Horster, Detlef (1995): Der Apfel fällt nicht weit vom Stamm, Frankfurt/M. 1995.
- Horster, Detlef (1999): Postchristliche Moral, Hamburg 1999.
- Junk, Johanna (1998): Methapher und Sprachmagie – Heidegger und die Kabbala, Bodenheim 1999.
- Kaegi, Dominic (1999): Ein gutes Gefühl, Aristoteles über den Zusammenhang von Affekt und Tugend, in: Hübsch, Stefan, Kaegi, Dominic (Hg.), Affekte. Philosophische Beiträge zur Theorie der Emotionen, 33–51, Heidelberg 1999.
- Kanitscheider, Bernulf (1999): Kosmologie, Stuttgart 1999.
- Kant, Immanuel (KdrV): Kritik der reinen Vernunft, 2 Bde. (Werke, III u. IV, Hg. Weischedel, Wilhelm), Frankfurt/M. 1981.
- Kant, Immanuel (KdpV.) Kritik der Praktischen Vernunft (Werk VII, Hg. Weischedel, Wilhelm), Frankfurt/M. 1996.
- Kant, Immanuel (GMS.): Grundlegung zur Metaphysik der Sitten (Werk VII, Hg. Weischedel, Wilhelm), Frankfurt/M. 1996.
- Kaufmann, Peter (1992): Gemüt und Gefühl als Komplement der Vernunft, Frankfurt/M., Bern, New York, Paris 1992.
- Kawahara, Eiho (1989): Technik und Topologie des Seins im Denken Martin Heideggers, in: Hg. Biemel, Walter, Hermann von, Friedrich-Wilhelm, Kunst und Technik, Gedächtnisschrift zum 100. Geb. v. Martin Heidegger, 47–66, Frankfurt/M. 1989.
- Kettering, Emil (1987): Nähe, Pfullingen 1987.
- Künne, Wolfgang (1981): »Prinzipien der wohlwollenden Interpretation«, in: Intentionalität und Verstehen, 212–236, Hg. V. Forum für Philosophie Bad Homburg, Frankfurt/M. 1981.
- Kurth, Dan (1997): Von der Prägeometrie zur Topologischen Komplexität, in: Saltzer, Walter. G./Peter Eisenhardt (Hg.): Die Erfindung des Universums – Neue Überlegungen zur philosophischen Kosmologie, 247–293, Frankfurt/M., Leipzig 1997.
- Lacan (I/1973): Schriften I, Weinheim, Berlin 1973.
- Luhmann, Niklas (1970): Soziologische Aufklärung, Bd. 1, Opladen 1970.
- Luhmann, Niklas (1984): Soziale Systeme, Frankfurt/M. 1984.
- Luhmann, Niklas (1988a): Selbstreferentielle Systeme, in: Hg. Simon, F.B., Unterschiede, die Unterschiede machen, Berlin, Heidelberg 1988.

- Luhmann, Niklas (1988b): Wie ist Bewußtsein an Kommunikation beteiligt, in: Hg. Gumbrecht, H., Pfeiffer, R., Materialität der Kommunikation , 884–905, Frankfurt/M. 1988.
- Madison, Gary B. (1986): Merleau-Ponty und die Postmodernität, 163–193, in: Métraux, Alexandre, Waldenfels, Bernhard (Hg.), Leibhaftige Vernunft, München 1986.
- Meier-Seethaler (1998): Gefühl und Urteilskraft, München 1998.
- Merleau-Ponty, Maurice (AG.): Das Auge und der Geist, Hamburg 1984.
- Merleau-Ponty, Maurice (SU.): Das Sichtbare und das Unsichtbare, München 1986.
- Metzinger, Thomas (Hg.): Bewußtsein, Beiträge aus der Gegenwartsphilosophie, Paderborn, München, Wien, Zürich 1995.
- Metzinger, Thomas (1999): Subjekt und Selbstmodell, Paderborn 1999.
- Nunold, Beatrice (2003): Her-vor-bringungen – Ästhetische Erfahrung zwischen Bense und Heidegger, Wiesbaden 2003.
- Nunold, Beatrice (1999): Zur Idee einer sechsrelationalen Semiotik, Vortrag: Bremen, 9. Dez. 1999.
- Otto, Rudolf (GdÜ.): Das Gefühl des Überweltlichen, München 1932.
- Otto, Rudolf (DH.): Das Heilige, 1997.
- Paslack, Rainer (1991): Urgeschichte der Selbstorganisation, Braunschweig 1991.
- Pauen, Michael/Stephan, Achim (Hg.): Phänomenales Bewußtsein – Rückkehr zur Identitätstheorie?, Paderborn 2002.
- Peirce, Charles Sanders (CP.): Collected Papers 1–6, hg. v. Charles Hartshorne & Paul Weiss, Cambridge (MA) 1931–35.
- Platon: Timaios, Werke 5, Hamburg 1980.
- Pöggeler, Otto (1960): Dichtungstheorie und Toposforschung, in: Jahrbuch f. Ästhetik u. allg. Kunstwissenschaft 5, 89–201, 1960.
- Pöggeler, Otto (1962): Metaphysik und Seinstopik bei Heidegger, in: Philos. Jahrbuch 70, 118–137, 1962.
- Pöggeler, Otto (1963): Der Denkweg Martin Heideggers, Pfullingen 1963.
- Pöggeler, Otto (1970): Dialektik und Topik, in: Hermeneutik und Dialektik. Festschrift für Hans-Georg Gadamer, Bd. 2, 273–310, Hg. Bubner, R., Cramer, K., Wiehl, R., Tübingen 1970)
- Pöggeler, Otto (1974): Heideggers Topologie des Seins, in: Philosophie und Politik bei Heidegger, 71–104, Freiburg 1974.
- Pohlenz, Max (1964): Die Stoa, Göttingen 1964.
- Prigogine, Ilya (1998): Die Gesetze des Chaos, Frankfurt/M. 1998

- Ritter, Joachim (Hg.): Hist. Wörterbuch der Philosophie, Bde. 1, 3, Basel u.a. 1971, 1974.
- Saltzer, Walter. G./Peter Eisenhardt (Hg.): Die Erfindung des Universums – Neue Überlegungen zur philosophischen Kosmologie, Frankfurt/M., Leipzig 1997.
- Saltzer, Walter G. (1997): Grundzustand und Erschaffung der Neuelemente in Platons Timaios-Kosmologie, in: Saltzer, Walter. G./Peter Eisenhardt (Hg.): Die Erfindung des Universums – Neue Überlegungen zur philosophischen Kosmologie, 224–246, Frankfurt/M., Leipzig 1997.
- Schadewaldt, Wolfgang (1978): Die Anfänge der Philosophie bei den Griechen, Tübinger Vorlesungen Bd. 1, Frankfurt/M. 1978.
- Schnädelbach, Herbert (1991): Philosophie, in: Martens, Ekkehard, Schnädelbach, Herbert (Hg.), Philosophie I, 37–76, Hamburg 1991.
- Scholem, Gershom (1980): Die jüdische Mystik in ihren Hauptströmungen, Frankfurt/M. 1980.
- Sousa de, Roland (1997): Die Rationalität des Gefühls. Frankfurt/M. 1997.
- Spielrein, Sabina (1987): Sämtliche Schriften, Freiburg i. Br. 1987.
- Stephan, Achim (1999): Emergenz, Dresden, München 1999.
- Stephan (2001): Emergenz in kognitionsfähigen Systemen, in: Pauen, Michael/ Roth, Gerhard (Hg.), Neurowissenschaften und Philosophie, 123–154, München 2001.
- Wartenberg, Gerd (1971): Logischer Sozialismus, Frankfurt/M. 1971.
- Weber, Samuel (1978): Rückkehr zu Freud – Jacques Lacans Ent-stellung der Psychoanalyse, Frankfurt/M., Berlin, Wien 1978.
- Weizsäcker von, Carl Friedrich (1985): Aufbau der Physik, München, Wien 1985.
- Wittgenstein, Ludwig (VB.): Vermischte Bemerkungen, Frankfurt/M. 1978.
- Wittgenstein, Ludwig (PU.): Philosophische Untersuchungen, in: Werke I, Frankfurt/M. 1997.
- Zimmermann, Rainer E. (1997): Freiheit als Substanz – Metaphysische Aspekte von Initialemergenz und kosmischer Evolution, in: Saltzer, Walter. G./Peter Eisenhardt (Hg.): Die Erfindung des Universums – Neue Überlegungen zur philosophischen Kosmologie, 45–71, Frankfurt/M., Leipzig 1997.

CD-Edition

Alle Bücher von »edition fatal« sind auch als PDF-Dateien auf CD erhältlich. Damit wird es für Sie möglich:

- im Volltext nach Namen und Begriffen zu suchen.
- eigene Anmerkungen zum Text hinzuzufügen,
- Text zu kopieren und beispielsweise (als Zitat) in Ihre Textverarbeitung zu übernehmen,
- beliebige Seiten im DIN A4-Format auszudrucken.

Auch dieser Band ist als Buch-CD erhältlich. Als Besitzer des gedruckten Buches können Sie die CD zum halben Preis beziehen! Füllen Sie dazu einfach das Formular auf der Rückseite aus und senden Sie es an »edition fatal«.

Online-Bibliothek

Darüber hinaus können alle bei uns veröffentlichten Bände auch »online« über unsere Online-Bibliothek – kostenlos! – abgerufen und gelesen werden. Und auch hier ist eine Volltextsuche möglich. Allerdings können Sie, anders als bei den Buch-CDs, keine Anmerkungen zum Text hinzufügen, Zitate übernehmen oder Seiten ausdrucken.

>> www.edition-fatal.de

Bestellung

An:
»edition fatal« Verlagsgesellschaft
Edelweiss-Str. 9
81541 München

Name: . . . .

Vorname: . . . .

Strasse: . . . .

. . . .

PLZ und Ort: . . . .

Hiermit bestelle ich folgenden Titel als Buch-CD im PDF-Format (erfordert Adobe Acrobat-Reader ab Version 3.0 sowie HTML-Browser) zum Vorzugspreis für Buchbesitzer:

Beatrice Nunold: ***Freiheit und Verhängnis***

Preis: 50% des empfohlenen Ladenpreises (derzeit also 50% von 15,00 Euro), zuzüglich Versandkosten.

Datum:

Unterschrift: . . . .

edition fatal

Hans-Martin Schönherr-Mann:

Das Mosaik des Verstehens – Skizzen zu einer negativen Hermeneutik

Heißt Verstehen Auslegen? Wenn ich etwas verstehe, verstehe ich es immer als etwas Anderes. Verstehe ich dann überhaupt das, was mir die Andere sagt? Ja, aber nicht als das, was sie mir sagt. Verstehe ich sie besser, wenn sie mich berührt? Welche Mißverständnisse hat es dabei nicht schon gegeben! Beruht Verstehen folglich auf dem Nichtverstehen? Dann wird die Hermeneutik negativ, ob im schwingenden Sagen bei Heidegger oder in Wittgensteins Sprachspiel, in der adornischen Unfähigkeit des Begriffs, sein Anliegen auszudrücken. Ist das Nichtverstehen eine schreckliche Erfahrung der Unzugänglichkeit der Welt? Doch wenn ich die Andere mißverstehe, muß ich vorsichtiger mit ihr sein, bin ich für sie verantwortlich, ohne ihr irgend etwas vorschreiben zu können. Muß ich die Andere lieben, um sie zu verstehen?

Noch ist dem Menschen lange nicht klar, wie unzulänglich seine Fähigkeiten sind. Mißverstehe ich mich gar selbst oder bin Ich eine Andere? Dergleichen Ungereimtheiten sind nicht zu verleugnen und nicht zu überspielen. Muß man sie genießen oder darf man sie erleiden? Solche verwirrende Schwäche des Ichs könnte sich letztlich als Stärke der Reflexion aufführen. Ist dann das Nichtverstehen modern und gar nicht postmodern?

In prägnenten, aphorismusartigen »Mosaikstücken« werden hier – alltagsnah illustriert – die wesentlichen Grundzüge einer »negativen«, d.h. auf Differenz und Nichtverstehen gegründeten Hermeneutik skizziert.

>> online lesen/Infos unter: www.edition-fatal.de/isbn3935147023.html

Hans-Martin Schönherr-Mann
Das Mosaik des Verstehens
Skizzen zu einer negativen Hermeneutik
Reihe Neue Philosophie
edition fatal

Daten zum Buch:

Originalausgabe, München 2001, 112 Seiten

Buch: ISBN 3-935147-02-3
CD: ISBN 3-935147-03-1

Empfohlener Verkaufspreis:
9,00 Euro

Anil K. Jain: Medien der Anschauung

Theorie und Praxis der Metapher

Die Metapher ist ein machtvoller »Ort«: sie ist das Leben und der Tod des Diskurses. Als »sinnliche« Gegenwart der Differenz, als Abweichung von der Kontext-Logik, kann sie als ein kreatives Medium der (interpretativen) Erkenntnis*bildung* wirken – wenn man sie und ihre Deutungen kritisch reflektiert und sich nicht in ihrer Dialektik verstrickt. Diese »Anschauung« der Metapher bildet die Basis für die hier vorgeschlagene metaphorisch-imaginative heuristische »Methode«, die aus drei Schritten besteht: *imaginative Übertragung, Verdichtung und überschreitender Retransfer/Rückübertragung*.

Gerade eine metaphorische Methodik kann freilich nicht abstrakt bleiben. Deshalb wurde dieses Verfahren hier auf die Metapher der sozialen Landschaft angewandt, die die Durchdringung von Natur und Gesellschaft, von Zeit und Raum zum Ausdruck bringt. Und genau das ist es, was wir aus der Rückübertragung dieses (morphologischen) Bildes lernen können: daß Fragen des Raumes für die Betrachtung der (globalisierten) Gesellschaft zwar zentral sind, daß Zeit und Geschichte aber darüber nicht vergessen werden dürfen, daß sich die sozialen Strukturen nicht gänzlich in virtuelle »Flows« auflösen, sondern »materielle« Grenzen jeder Transformation bestehen und daß genau dieses Bewußtsein notwendig ist, um Veränderung aktiv zu bewirken, den Raum der Utopie zu erschließen.

>> online lesen/Infos unter: www.edition-fatal.de/isbn3935147066.html

Daten zum Buch:

Originalausgabe, München 2002

168 Seiten

Buch: ISBN 3-935147-06-6
CD: ISBN 3-935147-07-4

Empfohlener Verkaufspreis: 15,00 Euro